ROLF KRENZER

Spiele
mit behinderten Kindern

ILLUSTRATIONEN VON
DAGMAR DOMINA

KEMPER VERLAG STAUFEN/BREISGAU

4. überarbeitete Auflage 1975
© 1971 Kemper Verlag Heidelberg
Umschlaggestaltung: Hans Holstein
Gesamtherstellung: Badendruck GmbH, 75 Karlsruhe
ISBN 3 7809 0392 X

Inhalt

Einleitung	7
Vorschläge für den gezielten Einsatz des Spiels unter Berücksichtigung seiner therapeutischen Möglichkeiten	18
Zeichenerklärung	21
Spielzeugausstattung	23
Das Spielbilderbuch	33
Spiele mit Material	40
Spiele mit dem Ball	51
Spielen mit allen Sinnen	57
Sehspiele	57
Tastspiele	60
Horchspiele	62
✓ Schmeck- und Riechspiele	67
Orientierungsspiele	67
Geschicklichkeitsspiele	69
Spiele, die die Selbstbeherrschung beinhalten	70
Reaktionsspiele	71
Spiele mit musikalischem Erlebnisgehalt	76
Abzähl- und Suchreime	81
Fingerspiele	83
Kreisspiele	93
Rollenspiele	107
Theaterspiel	112
Hörspiel	115
Maskenspiel	116
Schattenspiel	117
Puppenspiel	118
Quizspiele	123

Einleitung

Es gibt eine gern erzählte Geschichte:
In München lebt ein Ehepaar, das ein sehr gastfreies Haus führt. Mit neuen Gästen pflegen sie einen bewährten Test durchzuführen. Dazu dient ihnen ein im Badezimmer aufbewahrter Goldfisch aus Plastikmaterial. Am nächsten Morgen entscheidet sich alles:
Da kommt etwa ein Gast zögernd zum Frühstückstisch und fragt: „Wo sind denn Ihre lieben Kleinen? Ach, Sie haben gar keine Kinder! Aber was soll denn der Goldfisch im Badezimmer?"
Der wird nicht wieder eingeladen.
Ein anderer verläßt das Badezimmer bereits stirnrunzelnd, murmelt verächtlich etwas von Kindereien, packt seine Reisetasche und kommt ohnehin nicht wieder.
Oder ein anderer tritt mit stillem Lächeln aus dem Bad und sagt beim Frühstück, während er sein Ei löffelt:
„Haben Sie das eigentlich auch schon einmal ausprobiert: Wenn man den Goldfisch unter Wasser senkrecht hält und losläßt, dann springt er in einem großartigen Sprung so hoch nach oben!"
Der wird mit Sicherheit Freund des Hauses auf Lebenszeit!
Ich wollte mit dieser Geschichte nicht ermuntern, nun gleich einen Goldfisch aus Zelluloid anzuschaffen und den Sprung auszuprobieren — obwohl das eine recht reizvolle Sache ist. Ich wollte nur am satirischen Beispiel zeigen, welche Bedeutung das Spiel für den gesunden Menschen hat, welche liebenswerten Kräfte von ihm ausgehen und welche notwendigen Anstöße es gibt. Wenn das Spiel für gesunde Kinder und Erwachsene schon so wichtig ist, welche besondere Bedeutung hat es dann erst für den behinderten Menschen!
Bevor wir zum praktischen Spiel kommen, müssen wir uns gemeinsam einige wichtige Besonderheiten des Spiels überlegen. Wir müssen uns darüber klarwerden, welche Kräfte das Spiel in uns weckt, zu welchen Fertigkeiten es anregt und welche sozialen Beziehungen durch das Spiel überhaupt möglich werden.
Erst nach dieser Vorüberlegung wird es uns möglich sein, das Spiel gezielt dort einzusetzen, wo es dem behinderten Menschen wirklich nützen kann.
In den neuen Bildungsplänen der Sonderschulen für geistig Behinderte ist das Spiel als gezielte Unterrichtseinheit ausgewiesen. Man hat damit seine überragende Bedeutung für die Arbeit mit Behinderten vorbehaltlos anerkannt und ihm den Platz zugewiesen, der ihm zukommt, nämlich im Vordergrund der unterrichtlichen Arbeit.
In den Bildungsplänen für Sonderschulen für Lernbehinderte wird über das Spiel ausgeführt: Das Spiel ist so wichtig, weil ihm von vornherein die innere

Anteilnahme der Kinder gehört. Es erzieht unbewußt zur natürlichen Bewegung und zur Einordnung in die Klassengemeinschaft.

Damit wird dem Spiel eine heilpädagogische Vorrangstellung zuerkannt, die von Kasztantowicz in seinem Buch „Erziehen und Heilen" (1966) noch akzentuierter vorgebracht wird. Er sagt: „Die schulischen Anforderungen müssen hinter den heilerzieherischen Anforderungen zurückstehen, besser unter heilerzieherischen Gesichtspunkten abgewandelt werden."

Lassen Sie mich nun einige Eigentümlichkeiten aufführen, die immer wieder dann erwähnt werden, wenn in der Fachliteratur vom Spiel und vom Spielen berichtet wird. Wir müssen diese Eigenheiten des Spiels mit Inhalt füllen, um sie wirklich verstehen und akzeptieren zu können. Das Spiel beinhaltet nämlich

Heiterkeit
Leichtigkeit
Lustigkeit
Hingabe
und *feierlichen Ernst.*

Wer einmal Kinder beim Spielen beobachtet hat, wird sich erinnern, daß viele Schwierigkeiten, die vorher nicht bewältigt werden konnten, plötzlich im Spiel mit Leichtigkeit überwunden werden, weil das Kind in der hingebungsvollen Atmosphäre des Spielens sie überhaupt nicht mehr wahrnimmt, sie somit spielend bewältigt.

Ich habe Stammler und Stotterer im Spiel normal sprechen hören. Gehemmte Kinder wurden plötzlich frei, und schüchterne Kinder wurden wild. Ungelenke Bewegungen wurden leicht, Plumpheit wurde in ausgeglichene Bewegung verwandelt. Umgekehrt wurden wilde und verhaltensgestörte Kinder im Spiel plötzlich ernst und still. Sie genossen förmlich die Feierlichkeit des Augenblicks im Spiel. Diese echte und ehrliche Hingabe ist etwa mit dem, was wir landläufig unter wirklicher Konzentration verstehen, gleichzusetzen.

Aber auch das Spiel bedarf der Vorbereitung. Wir müssen als Erwachsene wieder das Spielen lernen, um echter Mensch sein zu können.

Im Spiel haben wir nämlich die Möglichkeit, den Menschen in seiner Ganzheit anzusprechen, ohne — wie sonst in allen anderen Bereichen — auf seine individuelle Behinderung Rücksicht nehmen zu müssen. Der Zuhörer, der schweigend Dasitzende, spürt plötzlich, daß er dabeisein muß, daß er dabeisein will... und das kann ein erster Anfang zum Aufbau einer Gruppengemeinschaft sein.

Das Kind wird im Spiel in seiner Gesamtpersönlichkeit erfaßt. Damit ist ein starker therapeutischer Ansatzpunkt gegeben, der dem Erzieher und dem Kind in gleicher Weise hilft und wesentliche Aufschlüsse und Ausgangspositionen zu geben vermag. Gerade im Spiel erhält der Erzieher oft Aufschluß über die soziale und geistige Entwicklung, über das Milieu und die Konflikte des Kindes. Das läßt sich weiterführen bis zum Sceno-Test und Welt-Test. In gleicher Weise erhält aber auch das Kind wichtige Aufschlüsse über den Erwachsenen, dem es ausgeliefert ist: Spielt er wirklich mit? Ist er ganz dabei? Ist er ein echter Spielpartner oder Spielleiter?

Das Kind erlebt den Erzieher direkt, es erlebt ihn so, wie er wirklich ist.
Immer wieder werden die einzelnen Spielformen unter differenzierten Gesichtspunkten zusammengefaßt. Am bekanntesten sind die Aufteilungen von Hetzer, Scheuerl und Jünger geworden.

Hetzer unterscheidet in
> 1. Tätigkeitsspiele und erfolgsgerichtete Spiele an geistigem und handgreiflichem Material
> 2. Rollenspiele
> 3. Einzel- und Gemeinschaftsspiele.

Scheuerl faßt zusammen unter
> 1. Funktionsspiele
> 2. Leistungsspiele
> 3. darstellende Spiele.

Und Jünger gruppiert in
> 1. Glücksspiele (auf den Zufall abgestellt)
> 2. Geschicklichkeitsspiele
> 3. vorahmend-nachahmende Spiele.

Ich möchte diesen Zusammenstellungen keine weitere hinzufügen. Auch auf die übliche Unterteilung in Spiele mit Plan und Regeln, ohne Plan und Regeln, Spiele für drinnen, Spiele für draußen usw. habe ich bewußt verzichtet, da jedes Spiel einen Plan und eine Regel besitzt, wenn sie auch manchmal zunächst dem Außenstehenden nicht einsichtig werden. Ich erinnere nur an die Geschichte zu Beginn dieses Kapitels. Schon hier wurde der Goldfisch senkrecht nach unten gehalten, um dann schnell losgelassen zu werden. Damit ist bereits eine erste, allerdings vielfach abwandelbare Spielregel gefunden.

Jede der von mir vorgestellten Spielformen kann als Einzelspiel, als Partnerspiel und als Gruppenspiel eingesetzt oder weitergeführt werden. Wir sollten uns den Mut zur Improvisation nicht durch starre Spieleinteilungen und Spielregeln nehmen lassen.

Erzieher und Kind müssen nur — bewußt oder unbewußt — die Forderungen akzeptieren, die das Spiel von ihnen verlangt. Und jedes Spiel setzt diese Forderungen voraus:

1. Bereitwilligkeit
Erzieher und Kinder müssen das Spiel akzeptieren. Sie müssen bereit sein, das Spiel zu spielen, sich ihm anzuvertrauen. Der Ball, der in der Ecke des Zimmers liegt, wird von dem Kind aufgehoben. Ein passiv daliegender Gegenstand wird angenommen, um damit zu spielen.
Umgekehrt läßt sich sagen: Das Kind wendet sich aktiv einem Gegenstand zu. Die Aufforderung zu dieser Aktivität kann von einem Erzieher ausgehen: „Wir wollen mit dem Ball spielen!" Dann wird er mit in das Spiel eingeschlossen. Sie kann von ihm lediglich als Spielanstoß gegeben werden: „Da liegt ein Ball!" Wenn das Kind bereitwillig auf den Ball eingeht, wird es das Spiel mit ihm beginnen und benötigt unter Umständen für dieses Spiel den Erzieher nicht mehr. Es muß in Spiellaune sein ... und das Spiel ist schon halb gewonnen.

2. Beherrschung der eigenen Sprache
Beim behinderten Kind ist diese Forderung umfassender zu sehen als beim gesunden. Oft kann sich nämlich das behinderte Kind nicht sprachlich ausdrücken.
Vielmehr beinhaltet diese Forderung, daß es bereit ist, sich im Spiel im Bereich seiner Fähigkeiten auszuleben, daß es die Fertigkeiten einzusetzen wagt, über die es verfügt.
Und diese Forderung wird akzeptiert, weil sie vom Spiel selbst, und nicht etwa vom Erzieher ausgeht.
Ein sprachlich gehemmtes Kind wird seine Ausdrucksweise in die Bewegung, in Mimik und Gestik legen. Es macht sich dadurch verständlich.
Das motorisch behinderte Kind wird die Aktionen (motorisch und sprachlich) ausführen, die ihm individuell möglich sind. Aber weil es diese Fertigkeiten im Spiel einsetzt, wird es sich selbst — bewußt oder unbewußt — das Höchstmögliche abverlangen.
Das geistig behinderte Kind wird mit Freude auf das Spiel eingehen. Es wird sich sehr darum bemühen, die Spielregel so einzusehen und sein Spielen so einzurichten, daß es selbst den bestmöglichen Lustgewinn an diesem Spiel erhält.

3. Hingabe an das Spiel
Wenn diese Forderung verwirklicht ist, wird sich das Kind dem Spiel für eine begrenzte Zeit hingeben. Es wird beispielsweise im Rollenspiel seine Rolle leben und sich nicht nur ein Rollenmäntelchen umhängen. Es wird die Spielsituation erkennen, das heißt einsehen, wo es ist und wem es gegenübersteht. Schließlich wird ihm auch die Spielhandlung einsichtig. Es wird in dem Spiel erkennen, was es im Verlauf der Handlung tun will und soll.
Nehmen wir eine ganz simple Darstellung zum Beispiel:
Die Kinder spielen mit dem Kaufladen.
Das Kind ist Käufer. Es spielt diese Rolle und erlebt sich selbst als Käufer. Es erkennt die Spielsituation: Der Käufer steht im Laden dem Kaufmann gegenüber. Es sieht die Spielhandlung ein: Es kauft verschiedene Dinge, läßt sich die Preise vom Kaufmann nennen, läßt sich einige Sachen abwiegen und bezahlt schließlich das, was es eingekauft hat.
Diese winzige Situation läßt sich in diesen drei wichtigen Faktoren (Erleben der Rolle, der Spielsituation und der Spielhandlung) auf jedes darstellende Spiel (Puppenspiel, Märchenszene, Theater) übertragen, hat aber auch im freien Spiel und im technischen Spiel ähnliche Bedeutung.
Nehmen wir noch einmal das Beispiel mit dem Ball auf:
Ich erlebe die Rolle: Ich spiele mit dem Ball.
Ich erlebe die Spielsituation: Ich nehme den Ball auf.
Ich erlebe die Spielhandlung: Ich rolle den Ball.
                        Ich werfe den Ball.
                        Ich fange den Ball usw.
Der Ball wird im Spiel zum Partner. Das Kind findet in ihm sein Gegenüber. Damit ist der erste Schritt aus der Isolation getan. Es entsteht eine Gemein-

schaft, in diesem Falle die Gemeinschaft eines Kindes mit einem toten Gegenstand, der aber durch das Spiel zu einem lebendigen Partner wird. Er wird durch das Spiel „verzaubert".

Und dieses winzige Spiel verlangt das Hören auf den anderen und das Unterordnen unter das gemeinsame Ganze. Wenn man von diesem Spiel aus einen sehr weiten Bogen schlagen wollte, dürfte man sagen, daß hier bereits ein Ansatzpunkt zur Erziehung zu einer sozialen Haltung gegeben ist. Die Ausweitung zum Spiel mit dem Partner, mit der Gruppe wird hier bereits einsetzen können.

Das Spiel ist immer angewiesen auf einen Partner, der das Stichwort zur Weiterführung des Spiels (der Handlung) gibt. Aber er selbst ist verpflichtet, seinen eigenen Egoismus und Geltungstrieb zu mäßigen, um den anderen Gelegenheit zu geben, das auszuführen, was das Spiel von ihnen verlangt.

Eine Besinnung auf das bekannte Spielen mit dem Bilder-Lotto macht diese besondere Situation vielleicht deutlich:

Man muß warten können, bis man selbst an der Reihe ist. Aber wenn dieser Moment da ist, dann muß man zugreifen und sich einsetzen. Dann muß man das Spiel wagen.

Wenn dieses gemeinsame Spiel bewußt erlebt wird, entsteht häufig als direkte Folge ein besonderes Zusammengehörigkeitsgefühl der Spielgruppe.

Bei behinderten Kindern wurde oft beobachtet, daß sie immer wieder in der Gruppe spielen wollten, in der sie bisher gespielt hatten. Der Grund liegt darin, daß sie hier im Spiel erste Kontakte zu einem Partner erhielten, daß sie sich selbst in dieser Gruppe mäßigten und ihren Geltungstrieb im Interesse des Spiels und der anderen zurückstellen. Zunächst sind die Partner dieser Gruppe aber so fest miteinander verbunden, daß sie nicht ausgetauscht werden können. Deshalb wird Klaus zunächst nur mit Peter spielen wollen, unter Umständen vielleicht noch mit Monika und Dagmar. Er wird aber sehr empfindlich reagieren, wenn er plötzlich in der Gruppe von Günter, Kristina und Ingo mitspielen soll. Ebenso wird es ihn zunächst verwirren, wenn in seiner Gruppe beispielsweise Klaus gegen Ingo ausgetauscht wird. Gerade beim behinderten Kind sollte man sich mit Gruppenumstellungen viel Zeit lassen, so daß jeder einzelne die Möglichkeit hat, in eine neue Situation hineinzufinden und sich ihr zu stellen.

4. Anerkennung eines Spielleiters

Jeder Spieler braucht einen Wachsamen, einen Findigen, einen Vertrauenswürdigen, einen Vitalen, der die Regeln angibt, der das Aktionsziel andeutet, der sicher über den Spielweg führt.

Im Rollenspiel ist es der Spielleiter, der von allen als vertrauenswürdiger Partner angesehen wird, weil seine Autorität aus dem Spiel selbst kommt. Nur er darf eingreifen, wenn die Ordnung des Spiels gefährdet ist.

Im Spiel mit behinderten Kindern ist der Spielleiter nicht nur Eintrichter und Überwacher: Er ist Mitspieler, Korrektor und Motor. Oft bringt er das Spiel erst in Gang.

Gerade beim geistig behinderten Kind bleibt das Spiel oft nur deshalb Spiel (und damit Freude an der Fülle seines Erlebens), weil es geführt wird, weil ein

Maß an es herangetragen wird, das ihm gerecht wird. Sein Spielkönnen wird durch die überlegene Führung des Spielleiters geschützt und gestützt.

Somit wird der Erzieher als Spielleiter zum Hüter des Spiels und seiner Möglichkeiten. Er schützt und bewahrt die Spielfreude, die sonst leicht und bald unterginge.

Hildegard Hetzer spricht in ihrer Arbeit „Spiel und Spielzeug für jedes Alter" hierbei von der direkten und indirekten Spielführung des Erziehers. Er „muß das Zusammenspiel der Kinder lenken, weil diese selbst noch nicht über genügend Organisationsfähigkeit verfügen, um das aus eigener Kraft zu tun."

Der Spielleiter darf dem geistig behinderten Kind die Aufforderung zum Spiel geben. Und das Kind fühlt sich dann angesprochen, wenn ihm die Aufforderung entspricht. Es folgt dieser Aufforderung. Es folgt damit der Anforderung des Spiels, wenigstens für eine begrenzte Zeit. Es fühlt sich angesprochen von dem, was das Spiel von ihm verlangt, angesprochen in seiner Gesamtpersönlichkeit.

Mag es sich um freies Spiel im Sandkasten oder auf dem Spielplatz, mag es sich um das Spiel auf dem Tisch des Gruppenraums oder des Kinderzimmers handeln, mag das Kind mit Fröbel- oder Kiddikraft-Material spielend umgehen, immer wird dann seine Bereitschaft zum Spiel und seine Freude am Spiel groß sein, wenn es merkt, daß das Spiel Fähigkeiten von ihm verlangt, über die es wirklich verfügt.

Wenn das Kind später vom Einzelspiel zum Partnerspiel gelangt ist und auch hier bereitwillig und tätig dabei ist, hat es damit seinen ersten positiven Bezug zu seinem Nachbarn, zu seinem Gegenüber gefunden. Mag dieser Kontakt zunächst auch nur in der begrenzten Zeit des Spiels bestehen, so wird er doch erlebt, weil ohne ihn das Spiel nicht möglich ist.

Arno Rüssel sagt in seinem Buch „Das Kinderspiel" (Beck, München) hierzu: „Das Spiel ist in der Lage, auch Unfertiges in sich aufzunehmen, um Ausgeglichenes zu überbrücken und dabei den Weg für weiteres Wachsen und Reifen offenzulassen. Das Kinderspiel ist ein erlebens- und wesensgemäßes, sich selbst genügendes, aus freier Aktivität sich entfaltendes werdendes Sein."

Bei Behinderten hat man im Moment des aktiven Spiels den Eindruck, daß hier ein erster Schritt zur Selbstverwirklichung getan wird. Das behinderte Kind freut sich nach Ende des Spiels auf den nächsten Tag, weil es dann wieder spielen darf. Es schließt in diese Freude den Gegenstand, mit dem es spielte, den Partner und den Spielleiter mit ein. Es möchte eine ähnliche Situation noch einmal und noch einmal erleben.

Sobald das Kind sein erstes Erfolgserlebnis im Spiel gefunden hat — vielleicht ist es nur das Wissen: Das Spiel kann ich. Das spiele ich gern —, können sich von hier aus neue Möglichkeiten ergeben, die es zu eigenem Verhalten, zu eigener Aktivität fähig werden lassen. Wenn zuerst immer wieder das gleiche Spiel begonnen wird (unter dem Motto: Da habe ich schon einmal etwas gekonnt. Deshalb möchte ich es wieder spielen, weil ich wieder etwas können werde!), so kann doch nach diesem Beharren ein Suchen nach ähnlichen Spielen mit ähnlichen Erfolgserlebnissen folgen.

Es ist jedoch sehr wichtig, daß jedes Spiel, das dem behinderten Kind angeboten wird, individuelle positive Erlebnisse beinhaltet. Das bedeutet, daß der Spielleiter sehr darauf zu achten hat, daß das einzelne Kind von dem Spiel nicht überfordert wird. Vielfach muß er bei geistig behinderten Kindern die Spielregel völlig umfunktionieren, dadurch das Spiel dem Kind anpassen, um es lustvoll spielen zu lassen.

Bei körperlich behinderten Kindern muß oft das Spielzeug umfunktioniert oder umgebaut werden, wenn es sinnvoll und dem entsprechenden Kind gemäß eingesetzt werden soll.

Beispielsweise läßt sich ein Puzzle durch Zusätze von einzelnen Griffen auch von einem körperlich Behinderten richtig zusammensetzen. Wenn dünne Papierblättchen auf Holz oder Pappe aufgezogen werden, können auch körperlich behinderte Kinder geschickt mit einem Bilderlotto umgehen.

Sehr leicht kann an diesem kritischen Punkt das Vertrauensverhältnis vom Spieler zum Spielleiter gestört werden. Wenn er zu schwieriges oder nicht leistungsgemäßes Spielzeug anbietet, läßt sich das Vertrauensverhältnis nur schwer wieder herstellen, da das behinderte Kind plötzlich spürt, daß der Spielleiter ihm nicht den gewohnten Platz im Bereich seiner Möglichkeiten eingeräumt hat, sondern Dinge von ihm verlangt, die außer seiner Kraft stehen. In diesem Falle wird die Selbstverwirklichung durch eine untergründige Angst behindert. Das Kind, das sein Selbst durch das Spiel wesensgemäß gestützt und gefördert hatte, verliert hier plötzlich seinen glücklichen Ausgangspunkt. Es muß wieder neu beginnen.

Das richtig eingesetzte Spiel kann dagegen zum Erlebnis und zur rechten Einschätzung der eigenen Kräfte, Möglichkeiten und Fähigkeiten führen. Es leitet an, Zutrauen zu sich selbst zu finden. Es hilft, Hemmungen, Unsicherheit, Minderwertigkeitsgefühle und Angst- und Furchtkomplexe abzubauen.

Mangel- oder Frustrationserlebnisse, Versagenssituationen, Herabsetzungen usw. können kompensiert werden, um das Gleichgewicht wieder herzustellen. Gerade im Spiel bieten sich vielfältige Möglichkeiten, Leistungen auf einem anderen Gebiet als auf dem, auf dem man bisher versagt hat, zu vollbringen und dadurch das Gleichgewicht wieder herzustellen. Dieses Kompensieren wird besonders im Puppenspiel und im Rollenspiel deutlich. Hier wird es auch dem Erzieher möglich, die Krücken zu erkennen, mit dem das Kind versucht, aus seinen Schwierigkeiten herauszukommen.

Aus dem Wissen, daß diese Kompensationsformen bei wirklicher Belastung versagen, erhält der Erzieher hier Einblicke in die Störungen des kindlichen Seins und muß überlegen, welche Hilfen er geben kann.

Im Spiel lernt das Kind ein Stück Umwelt kennen. Das behinderte Kind ist ganz besonders darauf angewiesen, weil es hier diese Umwelt im Schutzraum des Spiels aufnehmen darf. Es wird diese Umwelt „spielend" erobern und einen neuen Ansatzpunkt finden, von dem aus der nächste Schritt getan werden kann. Im Spiel wird das behinderte Kind dazu kommen, Gesetzmäßigkeiten der Umwelt an sich zu erleben und zu verstehen. Deshalb sollte der Spielleiter ihm immer wieder die Möglichkeiten anbieten, zu freiem und selbstgewähltem Spiel zu gelangen, stecken doch hierin starke Ansätze für echtes Interesse an der Umwelt und für echte Lernbereitschaft.

Das Spiel ist bedeutungsvoll für die Entwicklung jedes Kindes. Für die Entwicklung des behinderten Kindes aber bedeutet das Spiel noch mehr, weil es oft die einzige Basis schafft, die ihm zu einer angemessenen körperlichen, seelischen und geistigen Entfaltung verhilft.

Dem behinderten Kind gewährt das Spiel einen freien Entfaltungsraum in einer Welt, die ihm oft nicht einsichtig ist.

Es erhält hier wertvolle Entwicklungsreize und hat die Möglichkeit, mit vielseitigen Materialien handelnd umzugehen. Durch das Spielen und „Begreifen" lernt es Eigenheiten und Zusammenhänge verstehen.

Das Entdecken neuer Spiele, neuer Gegebenheiten regt die Phantasie des behinderten Kindes an.

Gleichzeitig wird es mit den Regeln und Gegebenheiten des Alltags vertraut gemacht. Es lernt, sich in gewisse, ihm nutzbringende Ordnungen einzupassen.

Das Spiel ist für das behinderte Kind ein wesentlicher Ort, an dem es gleichzeitig emotional, praktisch und geistig weitergebildet werden kann.

Dieser Schonraum des Spiels ist eine der wenigen Hilfen, die der gesunde Erwachsene dem behinderten Kind geben kann, um es fähiger zu machen, sich in einer harten, außerordentlich komplizierten und oft erbarmungslosen Umwelt so weit zurechtzufinden, daß es trotz der Schwere seiner individuellen Behinderung zu einem positiven Lebensgefühl gelangen kann.

Der geistig behinderte Jugendliche oder Erwachsene hat die gleiche Lust zum Spielen, die wir an uns selbst erleben. Wir reagieren diese Spiellust ab, indem wir uns gemeinsam zu einem Skatabend hinsetzen, indem wir im Familienkreis oder mit Bekannten irgendein Gesellschaftsspiel spielen, oder indem wir für einen Nachmittag intensiv an einem Fußballspiel teilnehmen. Das Spiel spielt eine gewichtige Rolle im Leben jedes Erwachsenen, mag er auch selbst meinen, daß er diese „Phase" längst überwunden hat. Ich erinnere an das Lotto und Toto, an die Glücksspirale, aber auch an gewisse Höflichkeitsformen und rituale Gegebenheiten im menschlichen Beisammensein, die immer wieder den Erwachsenen so einbeziehen, daß er spielt, obwohl er sich dieses Spiel oft nicht vor sich selbst eingesteht.

Der Behinderte hat weit weniger Gelegenheiten, sein Spiel zu spielen, weil wir es versäumen, ihm diese Gelegenheiten in einem ihm angemessenen Maß einzuräumen. Hinzu kommt, daß viele Spiele, die von uns ohne Schwierigkeiten gespielt werden können, den Behinderten von vornherein ausschließen, weil er beispielsweise das Würfeln mit dem Zahlenwürfel nicht versteht, weil seine Rechenfähigkeiten so gering sind, daß er bei anderen Spielen die Spielregel nicht erfüllt oder weil seine Logik und Kombinationsfähigkeit eben auch so stark behindert ist, daß er von dem gesunden Spielpartner nicht als gleichwertiger Konkurrent angesehen werden kann.

Wir müssen davon ausgehen, daß folgende für uns anerkannte Selbstverständlichkeiten bei dem Behinderten entweder nicht vorhanden oder nicht voll entwickelt sind:

1. Vielfach liegt eine Entwicklungshemmung der gesamten Persönlichkeit vor. Diese Entwicklungshemmung kann sich sowohl auf seine theoretische oder praktische als auch auf seine soziale Intelligenz beziehen.
2. In gleicher Weise fällt es dem Behinderten oft schwer, seinen Willen zu steuern.
3. Die Ausgeglichenheit seines Gefühllebens ist oft nur in Ansätzen erkennbar.
4. Ein Wertsinn, den wir an uns schätzen, ist bei dem Behinderten selten erwacht.
5. Vielfach zeigt sich seine Behinderung auch in einer verminderten Bewegungsharmonie.

Die Aufzählung der einzelnen Punkte beinhaltet, daß der Behinderte in einer mehr oder weniger auffälligen Form eine Minderung seiner vitalen Lebenskräfte überhaupt erfahren hat.

Jeder einzeln aufgeführte Punkt kann den gesunden Menschen davon abhalten, ein Spiel mit dem Behinderten zu beginnen, weil er annehmen muß, daß für den Behinderten und ihn selbst das Spiel nicht „tragbar" ist. Damit macht es sich der Gesunde sehr leicht. Er überläßt sich dem Spiel mit dem angepaßten Partner und überläßt den Behinderten der Einsamkeit.

Alle Spiele, die uns bekannt sind, sind auf Gesunde abgestellt, angefangen vom Fußballspiel bis hin zu den bekannten Bundesjugendspielen, von dem Quartettspiel bis hin zu raffinierten Karten- und Quizspielen, die logisches Denken und häufig starke Spielerfahrung verlangen. Selbst die Glücksspiele bleiben dem Behinderten vorbehalten, denn wer wird ihm schon beispielsweise einen Lottoschein zum Ausfüllen geben, obwohl die Zahlenkombinationen hochintellektueller gesunder Menschen in keiner Weise einen Gewinn verbürgen.

Es sei den Sonderkindergärten und den Sonderschulen für geistig Behinderte zuerkannt, daß dort Pädagogen darum bemüht sind, auch dem geistig Behinderten die Welt des Spiels so zu erschließen, daß er selbst hier sich verwirklichen kann. Es gibt eine ansehnliche Reihe engagierter Pädagogen, die das Spiel in diesen Einrichtungen für so wichtig halten, daß sie es an oberste Stelle setzen und selbst hier ihre Bestätigung und Erfüllung im täglichen Umgang mit dem Behinderten finden.

Aber was geschieht, wenn diese Kinder die Schule verlassen?

Wie verbringen diese Kinder ihre Freizeit, wenn kein engagierter Erwachsener mit ihnen spielt?

Mir sind eine ganze Reihe behinderter Jugendlicher und Erwachsener bekannt, die jahrelang zu Hause gesessen haben, ohne auch nur einmal durch das Spiel Kontakt mit ihrer nächsten Umgebung erhalten zu haben. Sie wurden gut versorgt, das heißt, ihr leibliches Wohl wurde stets vorangestellt. Als Unterhaltung bot man ihnen Kataloge großer Versandfirmen oder abgelegte Bilderbücher an. Ab 17 Uhr durften sie dann so lange vor dem Fernsehapparat sitzen, bis sie von der Müdigkeit übermannt wurden. In den seltensten Fällen gab es direkte Gespräche. An gemeinsames Spielen war überhaupt nicht zu denken.

Um der Ehrlichkeit und Vollständigkeit zu genügen, soll aber nicht unerwähnt bleiben, daß viele Werkstätten für Behinderte dem Spiel überhaupt keinen Platz einräumen, obwohl bekannt ist, daß die Behinderten, die abends ihren Arbeitsplatz verlassen, vielfach auch zu Hause keine Möglichkeit haben, aus ihrer Isolation herauszufinden.

Der Behinderte wird so lange systematisch in seinen Arbeitsplatz eingewöhnt, bis er selbständig und allein die ihm aufgetragene Arbeit verrichtet. Dabei wird durchaus sein verlangsamtes Arbeiten akzeptiert. Im Interesse der Produktion kann aber nur in den seltensten Fällen auf seinen Spieltrieb, den er von frühester Kindheit an niemals ganz ausleben konnte, Rücksicht genommen werden. Landheimaufenthalte bieten oft die einzige Gelegenheit, in denen Behinderter und gesunder Betreuer sich einmal im Spiel treffen und finden. Dabei ist es interessant zu beobachten, daß Betreuer, die einmal bei einem solchen Landheimaufenthalt die echte Spielbegeisterung erfahren haben, dann, wenn der Alltag wieder sein Recht fordert, immer wieder aus diesem Alltag auskneifen, um mit dem Behinderten ein Spiel zu beginnen ... vielleicht nur einmal im Monat oder in der Woche, manchmal aber auch nach der offiziellen Arbeitszeit oder an einem besonders neu eingerichteten Spielnachmittag.

Es ist doch verwunderlich, daß viele Schwierigkeiten, die der Betreuer mit einzelnen Behinderten in einer Werkstatt hat, in einem Landheimaufenthalt gar nicht oder kaum auftreten. Ob nicht zuletzt das Spiel mit all seinen therapeutischen Möglichkeiten hier echt in Erscheinung getreten ist? Es soll an dieser Stelle gewiß nicht dazu aufgefordert werden, an die Stelle der Arbeit das Spiel zu setzen. Es sollte aber jeder Erzieher, der einen erwachsenen Behinderten den ganzen Tag über an seiner Arbeitsstelle erlebt, einmal überlegen, was dieser Behinderte dann noch im Laufe des Tages an Freudigem erleben wird, wenn er sein Werkzeug aus der Hand legt und den Bus besteigt, der ihn nach Hause bringt. Wird er Mitglieder seiner Familie finden, die sich mit ihm beschäftigen, die sich mit ihm unterhalten? Oder wird er bis um 21 Uhr oder 22 Uhr vor dem Fernsehapparat sitzen, unfähig, das aufzunehmen und zu verarbeiten, was über die Mattscheibe flimmert, um dann dem nächsten Tag entgegenzuschlafen, der ihm wieder Arbeit und anschließend Fernseheintopf bietet?

Der gesunde Mensch hat nach Beendigung seiner Arbeitszeit mannigfaltige Möglichkeiten, sich zu zerstreuen, einzelnen Hobbies nachzugehen oder sich unterhalten zu lassen. Die Möglichkeiten des Behinderten sind so gering, daß es schwerfällt, auch nur einige wenige aufzuzählen.

Vielleicht sollten wir dazu kommen, feste Spielnachmittage oder Spielstunden einzurichten, die es dem einzelnen ermöglichen, aus seiner Isolation, aus dem eintönigen Alltag herauszukommen, um sich selbst, den Partner, vielleicht sogar die Gemeinschaft zu finden. Diese „Spielstunden" sollten durchaus andere Namen tragen, beispielsweise Schwimmstunden, Sportstunden, Tanzstunden, Wanderstunden oder Hobbystunden. Wichtig ist nicht, daß hier hochtrabende Worte verwandt werden, wichtig ist allein, daß der einzelne eine Zeit erlebt, die ihn in seiner gesamten Persönlichkeit glücklich macht, in der er sich selbst verwirklichen kann. Und dieses Spiel wird ihn so beglücken, daß er eine ähnliche Situation unbedingt wieder erleben möchte, daß er sich auf eine ähnliche Situation wieder freut.

Das glückhafte Erleben einer solchen Situation kann dazu führen, daß der Behinderte während des übrigen Tages oder der übrigen Woche heiterer, ausgeglichener, aber auch arbeitsfreudiger erscheint.

Weil das Spiel die Gesamtpersönlichkeit des Menschen erfaßt, bietet es echte therapeutische Möglichkeiten, Verhaltensänderungen zu bewirken, echte Erlebnisse zu vermitteln und ein wirkliches Selbstwertgefühl zu geben. Wenn der Behinderte das Spiel ergreift, fühlt er sich selbst bestätigt, d. h. daß er selbst sein Leben lebenswert empfindet. Sollte man darauf verzichten?

Die therapeutischen Möglichkeiten des Spiels mit geistig behinderten Jugendlichen und Erwachsenen sind vielfältig: Es lassen sich beispielsweise zahlreiche bisher unbewältigte Situationen im Spiel zunächst bewältigen, sei es der Besuch beim Zahnarzt, eine notwendige Trennung von einer liebgewonnenen Tätigkeit, aber auch die Gewöhnung an eine angemessene Verkehrssicherheit usw.

Zänkereien mit Arbeitskollegen, unausgesprochene Ängste vor einzelnen Arbeitsaufträgen usw. lassen sich im Spiel kompensieren. Das bedeutet aber, daß der Betreuer dem Spiel des Behinderten interessiert beiwohnt, daß er selbst mitspielt, um im Spiel bereits notwendige Hilfen zu geben. Wenn der Betreuer in diesem Spiel voll dabei ist, wird seine Hilfestellung spontan gegeben und ebenso spontan angenommen.

So führt das Spiel dazu, daß der Behinderte nach und nach zu einem besseren Erfassen seiner eigenen Person gelangt. Weil die Kräfte des Verstandes und des Gemüts in gleicher Weise angesprochen werden, bietet das Spiel eine Ausgangsbasis, von der aus der Behinderte dazu kommen kann, sein Leben trotz seiner Behinderung zu meistern.

Der Hauptwert des Spiels liegt darin, daß der Behinderte nicht alleingelassen bleibt, daß er sich in das gemeinsame Tun der Gruppe hineingenommen fühlt. Für seine seelische Entfaltung und Entwicklung ist es deshalb bedeutungsvoll, daß er dann nicht nur im Kreise anderer Behinderter im Spiel eine Anerkennung findet, sondern daß er gerade im Spiel mit dem gesunden Gegenüber wirkliche Erfolgserlebnisse erfährt.

Im Spiel mit behinderten Kindern, Jugendlichen und Erwachsenen sind folgende Grundsätze zu beachten:

Wir dürfen nicht zu viele Spieldinge auf einmal anbieten. Der Behinderte wäre von dem Angebot überfordert und würde von einem Gegenstand zu anderen eilen, ohne wirklich damit zu spielen.

Für rechtes Spielen und sachgemäßes Auseinandersetzen mit dem Gegenstand braucht der Behinderte Zeit und Ruhe. Ist das behinderte Kind in ein Spiel vertieft, sollten wir es unbedingt *ausspielen* lassen.

Das Spielmaterial muß einfach und handlich sein, wenn es dazu dienen soll, die Spielfähigkeit zu wecken und zu entwickeln.

Auch Spielzeug, das zunächst nur passiv aufgenommen wird, kann erste Spielimpulse auslösen. Wenn die Aufmerksamkeit des behinderten Kindes geweckt ist, so daß seine Augen plötzlich aufleuchten und einem Ding zu folgen suchen, ist ein Anfang gemacht.

Das behinderte Kind braucht den nicht behinderten Spielpartner, der ihm Spielzeug anbietet und mit ihm spielt, der es leitet und schützt. Es braucht gleichzeitig den verständnisvollen Spielpartner, der sich in seine Situation hineindenken kann, der es in seinem Spiel und im Umgang mit einem Spielzeug beobachtet und ihm seine Spiel- und Lernhilfe erst und nur dann gibt, wenn es der Unterstützung bedarf.

Ein Lieblingsspielzeug bietet die ersten Ansätze. Freude am Spiel ist die Grundlage für erfolgreiches Tun.

Vorschläge für den gezielten Einsatz des Spiels unter Berücksichtigung seiner therapeutischen Möglichkeiten

Es sei hierzu ausdrücklich vermerkt, daß eine solche „Spielstunde" nicht nebenbei beaufsichtigt werden kann. Gerade das Spiel mit Behinderten erfordert den voll engagierten Einsatz des einzelnen Erziehers oder Betreuers. Die verschiedentlich immer noch verbreitete Ansicht, daß der, der mit Behinderten spielt, sich und die Behinderten nur von weit wichtigerer „Arbeit" abhält, dürfte inzwischen so viele stichhaltige Gegenargumente gefunden haben, daß sie nicht mehr tragbar ist.

Sonderschule G / Tagesstätte
a) eine halbe Stunde der täglichen Mittagspause als Hobbystunde ausweisen, eventuell Spiel in Gruppen unter fachkundiger Leitung, auch Einzel- oder Partnerspiel;
b) einen Nachmittag (zwei bis zweieinhalb Stunden) wöchentlich dem Spiel einräumen, eventuell abwechseln zwischen Wandern, Baden, Sport und Spiel;
c) einen zusätzlichen Abend oder Nachmittag anbieten, den der Behinderte nach eigener Entscheidung wahrnehmen kann. Erfahrensgemäß sind sehr viele Behinderte für ein solches Freizeitangebot außerordentlich dankbar und engagieren sich stark. Allerdings ist hier auch der engagierte Einsatz geeigneter Fachkräfte ausschlaggebend;
d) Bildung einzelner Hobby- oder Freizeitgruppen, die sich einmal monatlich im Rahmen eines fest angegebenen Spielbereiches treffen. Auch hier sind engagierte Gruppenleiter erforderlich.
Möglichkeiten der Gruppenbildung:
Hobbygruppe: Spiel und Sport
Hobbygruppe: Puppenspiel (Anfertigung von Puppen, Masken usw. und anschließendes Spiel)
Hobbygruppe: Tonband
Hobbygruppe: Foto und Film
Hobbygruppe: Technik
Hobbygruppe: Darstellendes Spiel
Hobbygruppe: Werken und Basteln
Hobbygruppe: Kochen

e) Errichtung eines Hobbyraums mit Spiel- und Sachbilderbüchern, leicht erfaßbaren oder umfunktionierten Gesellschaftsspielen, Puzzles, Möglichkeiten zum Basteln, Werken und Experimentieren, auch technisches Bau- und Spielmaterial, beispielsweise Hobby-Kasten, Fischer-Technik-Baukästen, Flipper, Tisch-Fußball, Tisch-Tennis.
Die Einrichtung einer Mediothek im Rahmen der Sonderschule hat sich als sehr zweckmäßig erwiesen. Hier sind zentral die Medien untergebracht, die sinnvoll in die Verwirklichung einzelner Spielanregungen einbezogen werden können, z. B. Tonbandgerät, Kassettenrecorder, Plattenspieler, Dia- und Filmgeräte, Videorecorder.

f) Errichtung einer kleinen Außensportanlage mit zwei Toren, aber auch Fahrbahn für Roller, Fahrräder, Gocarts usw.;

g) Einräumen einer Einzel- oder Partnerspieltherapie mit besonders stark behinderten Jugendlichen oder Erwachsenen;

h) Einrichtung einer Hobbystunde, in der sich gesunde und behinderte Jugendliche und Erwachsene finden können;

i) gezielter Einsatz des Spiels im Landheimaufenthalt, Vorstellen einzelner geeigneter Einzel-, Partner- und Gruppenspiele, Quizspiele usw., abendliche Spielrunde (nicht nur Spiel als Ersatz bei Regenwetter).

Werkstatt für Behinderte

Als notwendig und für die Persönlichkeitsverwirklichung überaus wichtig haben sich die arbeitsbegleitenden Maßnahmen im Rahmen der Werkstatt für Behinderte erwiesen. Als Gegengewicht zu der oft monotonen Arbeit in der Werkstatt muß hier ganz besonders dem geistig Behinderten ein Angebot an Spielen, Einüben von Freizeittechniken und lustbetontes Erfahren des gemeinsamen Erlebens und Tuns gegeben werden, das über spezielle Bemühungen und berufliche Integration hinausgeht. Dieses Angebot sollte in jedem Falle die Freiwilligkeit der Teilnahme beinhalten. Zudem sollten behinderte Jugendliche und Erwachsene selbst bei der Planung und Durchführung beteiligt werden und über eine Auswahlmöglichkeit unter Parallelangeboten entscheiden können.
Empfehlungen:

a) gezielter Einsatz von Freizeitpädagogen

b) Errichtung von Hobby- und Werkräumen (Spiel, Musik, Tanz, Werken, Handarbeit, Kochen usw.)

c) Einrichtung einer Mediothek

d) regelmäßige Hobby- und Spielangebote

e) Kurse in Freizeittechniken

f) Tanz- und Spielkreise

g) regelmäßige sportliche Veranstaltungen (Ballspiele, Schwimmen, Tisch-Tennis usw.)

h) Singen, Musizieren und Spielen in Arbeitspausen

i) Sonderveranstaltungen (Feiern, Betriebsfest, Sportfest, Tanzveranstaltungen, Bunte Abende, Ausflüge und mehrtägige Reisen, Landheimaufenthalt).

Heim
Im wesentlichen lassen sich die Spielvorschläge für die Tagesstätte verwerten, sollten aber ergänzt und erweitert werden, beispielsweise in der Errichtung fester Spiel- und Hobbystunden im Tagesablauf. Auch die abendliche Spielrunde könnte zu einem festen immer erwünschten Bestandteil des Tagesablaufes werden. Ein wöchentlicher Spielnachmittag oder ein Abend, der den Hobbygruppen vorbehalten bleibt, ermöglicht echte Begeisterung und echte Erfolgs- und Leistungssteigerung.
Gleichaltrige gesunde Jugendliche oder Erwachsene sollten zu solchen Spielnachmittagen eingeladen werden. Oft wird hieraus auch die Einladung eines Behinderten in die Familiengemeinschaft des Gesunden erfolgen können, die für beide Partner besonders wichtig werden kann.
Die Aufzählung der verschiedenen Möglichkeiten bedeutet nicht, daß alle im Idealzustand verwirklicht werden sollten. Der eine oder der andere Vorschlag eignet sich aber vielleicht dafür, daß er im Rahmen der gegebenen Umstände einmal versucht und im Interesse des Behinderten zu einer festen Einrichtung werden kann.

Literatur
Bundesvereinigung Lebenshilfe für geistig Behinderte e. V.: Empfehlung: Erwachsenenpädagogik bei geistig Behinderten, Marburg 1973
Hetzer, Hildegard: Spiel als Notwendigkeit für geistig behinderte Kinder, Jugendliche und Erwachsene, Arbeitsausschuß Gutes Spielzeug, Ulm 1973
Krenzer, Rolf: Feste und Feiern mit Behinderten, Kemper, Staufen/Brsg. 1974
  Basteln mit Behinderten, Kemper, Staufen/Brsg. 1975
Krenzer/Lotz: Kommt alle her / Da lacht der Dicke Bär, Kemper, Staufen/Brsg. 1975
Krenzer/Jung: Methodik des Unterrichts in der Sonderschule G, Hirschgraben, Frankfurt/Main 1975
  Geschichten zu fünf Bereichen, Hirschgraben, Frankfurt/Main 1973

Zeichenerklärung

Um Erziehern und Eltern Hinweise zu geben, welche Spiele in der jeweiligen Situation eingesetzt werden können, wurden alle Spiele nach ihrem Schwierigkeitsgrad besonders gekennzeichnet.
Diese Kennzeichnung ist allerdings — gemessen an der jeweils vorliegenden Behinderung der einzelnen Spieler — nur grob und kann gegebenenfalls von dem Spielleiter geändert werden. Da die einzelnen Behinderungen so vielgestaltig und vielschichtig sind, ist es unmöglich, jede einzelne besonders zu berücksichtigen. Die Zeichen gelten somit nur als erste informative Richtschnur. Es empfiehlt sich, nach eigenen Erfahrungen die einzelnen Spiele besonders zu kennzeichnen.

* = geistige Behinderung
O = körperliche Behinderung

Hier die Zeichen in ihrer grob umrissenen Bedeutung:

* = starke geistige Behinderung
  erste Spielerfahrungen müssen gesammelt werden
  erstes Eingewöhnen in eine Gruppe wird angestrebt
  winzige Hinweise des Spielleiters müssen aufgenommen und verstanden werden
  erste positive Bezüge zum Spiel und zum Spielpartner sollen ausgelöst werden

** = erste Gruppen- und Spielkontakte werden wahrgenommen
  mehr oder weniger stark sind Einsichten in das Spielgeschehen möglich
  die Verständigungsbereitschaft durch Mimik, Gestik und Sprache ist fortgeschritten

*** = Konzentration und geistige Tätigkeit sind im Ansatz vorhanden
  Einsichten in das Spielgeschehen sind möglich
  man muß auch gelernt haben, einmal verlieren zu können
  gegenseitige Rücksichtnahme wird wahrgenommen
  Verständnisbereitschaft und Verständigungsfähigkeiten sind im sprachlichen, mimischen oder gestischen Bereich vorhanden

O = sehr starke körperliche Behinderung, Spastik
  das Bewegen einzelner Körperteile (Arme, Beine) ist nur bedingt möglich
  Arme oder Beine fehlen
  Ungesteuerte Bewegungen

OO = weniger starke körperliche Behinderungen
  Fortbewegung möglich, aber noch starke Behinderung an Armen und Beinen

gewisse Körpergeschicklichkeit, die in der Lage ist, ungesteuerte Bewegungen in einem begrenzten Grad auszugleichen
Fortbewegungsmöglichkeit mit technischen Hilfsmitteln

OOO = körperliche Beeinträchtigungen sind weiter abgebaut
trotz Spastizität der Arme ausgeglichene Beinbewegungen
trotz körperlicher Beeinträchtigung relativ gute Fortbewegung
gewisse Sicherheit beim Laufen und Gehen

Die Zusammenstellung zeigt, daß die Grenzen der einzelnen hier aufgeführten Bereiche in den meisten Fällen fließend sind. Mit dem gleichzeitigen Aufführen der geistigen und körperlichen Behinderungen nebeneinander ist nicht gesagt, daß eine Behinderung die andere bedingt. Vielmehr soll angezeigt werden: Hier ist ein Spiel, das beispielsweise erst von den geistig Behinderten der dritten Gruppe gespielt werden kann. Es setzt aber so wenige körperliche Fertigkeiten voraus, daß es Körperbehinderte der ersten Gruppe mit Erfolg spielen können. Alle vorgestellten Spiele sind nur als Anregungen gedacht. Sie sollen von den Spielleitern verändert, umfunktioniert und weiter ausgebaut werden. Sie können auch so stark vereinfacht werden, daß sie individuell das einzelne behinderte Kind direkt ansprechen.

E = Es wurde vielfach beobachtet, daß es oft schwerfällt, für Jugendliche und ältere behinderte Menschen, die beispielsweise in einer Werkstatt für Behinderte arbeiten, in Freizeitstunden eine geeignete Beschäftigung vorzuschlagen. Viele sogenannte Kinderspiele werden von diesem Personenkreis mit Recht abgelehnt, weil sie sich auf ihr Alter (wenn es auch nicht dem geistigen Entwicklungsstand entspricht) berufen und meinen, hier nicht mehr mitspielen zu können. Da aber oft die geistigen Fähigkeiten so gering sind, daß bekannte Spiele für Erwachsene nicht eingesetzt werden können, empfiehlt es sich, hier vorgeschlagene Spiele so umzuarbeiten, daß sie auch behinderten Erwachsenen interessant werden und von ihnen — ohne auf das Kinderniveau heruntersteigen zu müssen — akzeptiert werden können.

Verschiedene Vorschläge dieses Buches wurden direkt oder in leichterer Variation behinderten Erwachsenen vorgestellt. Sie wurden begeistert durchgespielt und oft erneut gewünscht. Diese erprobten Spielvorschläge sind zusätzlich mit einem „E" gekennzeichnet. Man sollte auch versuchen, Spiele, die nicht besonders gekennzeichnet sind, soweit umzuarbeiten, daß somit ein Katalog von Spielen für behinderte Erwachsene individuell ausgearbeitet werden kann.

Spielzeugausstattung

Behinderte Kinder benötigen besonders sorgfältig ausgewähltes Spielzeug. Viele Spielsachen des Spielwarenhandels lassen sich gut einsetzen, andere müssen durch Vereinfachung oder Zusätze so verändert werden, daß behinderte Kinder mit ihnen wirklich umgehen können. Es ist immer darauf zu achten, daß die Spielmöglichkeiten des einzelnen Spielzeugs vielfältig sind, daß ein gewisser ästhetischer Gesichtspunkt gewahrt bleibt und daß das Spielzeug so funktionstüchtig ist, daß es auch nach häufigem Gebrauch noch akzeptabel bleibt. Auf Spielzeug, das durch seine billige Ausführung sehr schnell auseinanderfällt, sollte man verzichten.
Überhaupt lohnt es sich, einmal darüber nachzudenken, warum manches Spielzeug so schnell der Zerstörungswut des einzelnen Kindes ausgeliefert ist. Vielleicht liegt es auch daran, daß seine Funktionstüchtigkeit so gering ist, daß das Kind auf Entdeckungsreise dann beginnt, dieses Spielzeug auseinanderzunehmen.
Inzwischen ist aber eine recht geglückte Auswahl an Spielzeug auf dem Markt, das auf heilpädagogischer Basis ausgedacht und konstruiert wurde und speziell einzelne Behinderungen berücksichtigt. Man sollte sich in Spielzeuggeschäften solche speziellen Kataloge zeigen lassen. Auch Kindergärten, Sonderschulen und Heime kennen einschlägige Kataloge und spezielle Versandfirmen und können interessierten Eltern zahlreiche Anregungen geben.
Wenn hier nun eine Mindestausstattung an Spiel- und Beschäftigungsmaterial für behinderte Kinder vorgestellt wird, so ist diese Zusammenstellung lediglich als Vorschlag anzusehen.
Man sollte sorgfältig auswählen und zunächst nur einzelne Dinge anschaffen. In gleicher Weise ist diese Liste aus eigener Beobachtung und Erfahrung umzustellen, zu kürzen oder zu ergänzen.
Man sollte aber auch bedenken, daß ein zu reichhaltiges Angebot leicht Überdruß erweckt. Es kann also geschehen, daß dadurch das behinderte Kind überfordert wird, wenn es eine ihm angemessene Auswahl treffen möchte. Es kommt nicht zum richtigen Spielen.
Hier sollte der gesunde Erwachsene der behinderten Persönlichkeit des Kindes hilfreich zur Seite stehen. Er sollte auch in einzelnen Fällen zeigen, was man alles mit einem einzelnen Spielzeug anstellen kann, wie man mit ihm ins Spiel kommen kann. Oft braucht gerade das behinderte Kind lange Zeit das „Mitspielen" der Erwachsenen, um zum eigenen Spiel zu gelangen.

Spiel- und Beschäftigungsmaterial für behinderte Kinder

Die Gruppeneinteilung bezieht sich auf sehr stark (Gruppe I), stark (Gruppe II) und weniger stark (Gruppe III) behinderte Kinder. Das bedeutet, daß Kinder, die man unter Gruppe II oder Gruppe III einordnen könnte, ohne Schwierigkeiten mit dem Spielzeug der Gruppe I spielen könnten, und — individuell bezogen — auch umgekehrt. Immer ist für den Erzieher die individuelle Situation des Kindes in seinem Angebot und in seiner Auswahl bedeutsam. Hier kann der Spielleiter ohne Schwierigkeiten Spielzeug der einzelnen Gruppen vertauschen.

Gruppe I *O

Spielkiste

großer weicher Stoffball in warmen Farben (Steiff u. a.)
großer weicher Stoffhammer (Steiff)
große farbige Bauklötzer mit abgerundeten Ecken und Kanten
große Bauklötzer aus Naturholz mit abgerundeten Ecken und Kanten
große Holzfiguren

Handspieltier (zunächst vom Spielleiter auf der Hand gehalten), das sich dem Kind direkt zuwendet

Tatzelwurm aus den Praunheimer Werkstätten
große Holzautos und andere Fahrzeuge

große Holzeisenbahn (Anhängemöglichkeit der einzelnen Wagen nicht durch Haken, sondern Magnete halten die einzelnen Wagen zusammen und lassen sich ohne Schwierigkeiten lösen und verbinden)

Teddybär und andere Tiere (keine Glasaugen)

Puppe (einfache und ansprechende Ausführung, muß wirklich strapazierfähig sein, eventuell eigene Handarbeit)

einfache Haushaltsgeräte in natürlicher Größe (stabile Tasse, Untertasse, Teller, Löffel)

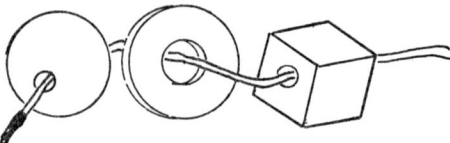

sehr große Perlen

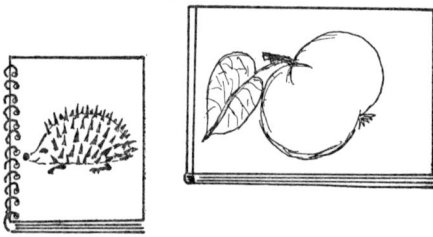

Bilderbücher (ganz einfache Motive der kindlichen Umwelt, auf jeder Seite nur ein Gegenstand farblich gut dargestellt, feste Pappe, ansprechende Gestaltung)

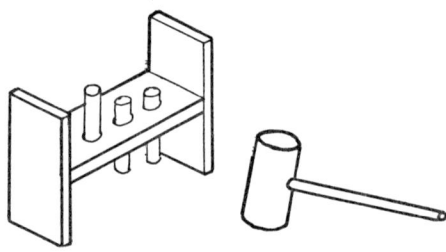

Material für erstes Hantieren (z. B. Klopfbank: Dicke Bolzen werden mit einem Holzhammer in eine Werkbank eingeschlagen. Oft geht es dem Kind nur darum, daß es mit dem Hammer auf die Bank klopfen kann und damit Geräusche erzeugt)

Sachen zum Krachmachen

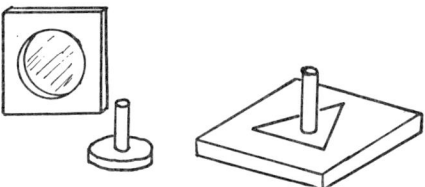

ganz einfache Steckbretter

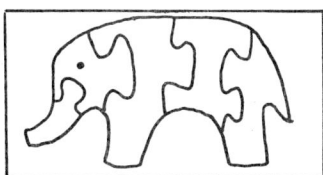

ganz einfache Legebretter, in die einzelne Formen richtig hineingelegt werden sollen

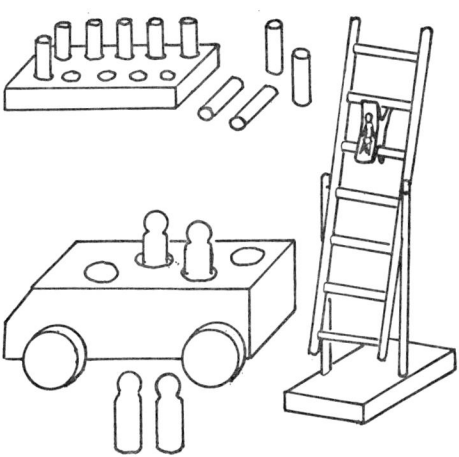

Steckbretter mit dicken Steckern
Steckautos
Leitermännchen aus den Praunheimer Werkstätten

Hohlformen (Becher, Kubus, Puppen) in sehr großer und einfacher Ausführung

Sortierdosen

Spielpuppen (sehr einfache, pflegeleichte Handpuppen)

Kreide, Wachsfarbstifte, Fingerfarben, Kleisterfarben, Plastilin (nur unter Aufsicht, da hier die Gefahr liegt, daß die Kinder dieser Gruppe diese Materialien gern in den Mund nehmen und unter Umständen aufessen)

Gruppe II   ∗∗ o o

Spielzeugregal, Spielzeugschrank

Kleine Autos und Fahrzeuge
Tatzelwurm

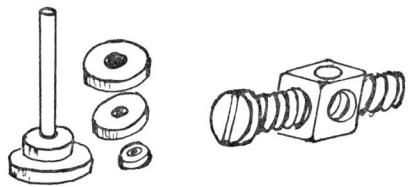

Spielzeug zum Stecken und Schrauben
Leitermännchen

Kleine Haushaltsgeräte
Bügeleisen, Besen, Schaufel usw.
Puppengeschirr (Kindergeschirr) in stabiler Ausführung

Puppenhaus in sehr einfacher Ausführung mit wenigen, aber spielgerechten Möbeln
dazu Spielpuppen, die gelenkig sind und in verschiedene Stellungen gebracht werden können

Einfacher Puppenwagen
Puppenbett mit Kopfkissen, Decke und Bettuch
Puppen in verschiedener Ausführung (aber keine mechanischen Puppen-Roboter)

Holzeisenbahn (hier können die Wagen durch Haken oder andere Möglichkeiten verbunden sein. Besonders vorteilhaft erweist sich der hier gezeigte Holzverschluß)

Holzeisenbahn mit Schienen und Weichen, **mit** Bahnsteig usw. (durch eine sinnvolle Holzverbindung der einzelnen Schienen wird die Funktionstüchtigkeit erhöht)
Spieldorf oder Spielstadt aus Holz

Spielzoo

Babypuppe mit einfachster Kleidung zum An- und Ausziehen

Kaufladen mit wenigen, aber typischen Artikeln, mit einfacher Waage und Kasse, Einkaufstasche

Fahrzeuge zum Beladen und Entladen mit kleinen technischen Ausrüstungen, z. B. Lastwagen mit Kippvorrichtung, Kran usw.

Kleidung für Rollenspiele
Hut, Jacke, Mantel, Stock usw.

Bälle in verschiedener Ausführung
stabile Gummiwürfel in Ballgröße

Ringwurfspiel
Kegelspiel, Flipper

Werkbänke, an denen gehämmert und geschraubt werden kann

Puzzles mit geringem Schwierigkeitsgrad und besonderer zusätzlicher Ausrüstung

Montessori-Material

Steck- und Legespiele
Fischer-Technik: Bauelemente, Lego-Bauelemente

Tisch- und Gesellschaftsspiele
Spiele mit Farbwürfel, Ringwurfspiel, Kegelspiel

Handspieltiere, Spielpuppen

Sachen zum Krachmachen
(Einzelstücke aus dem Orff-Instrumentarium)

Spieldose (zur einfachen Handbetätigung)

Hohlformen zum Ineinanderstecken und Aufbauen

Sortierdosen und Sortierkästen
Bilderbücher mit differenzierteren Motiven, farblich gut und einfach dargestellt, nicht mehr als 10 Einzelteile auf einer Seite, Entdeckungs-Bilderbücher, in denen gewisse Gegenstände und Zusammenhänge erkannt werden können

Große und kleinere Perlen zum Aufreihen mit dicker Schnur
(ohne Nadel zum Einfädeln!)

Kinderscheren. Wachsfarbstifte, Fingerfarben, Kleisterfarben, Wasserfarben, Kreide
verschiedene Arten Papier, verschiedenfarbige Buntstifte
Werkzeuge und Holzabfälle

Technische Geräte zum Ausprobieren (Taschenlampe, Schalter, Hebel, Waage, Holzschrauben mit passenden Bohrungen, Hampelmann, einfache Schiebspiele, Spieltelefon, Klingel, Aufziehspielzeug, Aufziehwecker, Brummkreisel, Hammerspiele [Plättchen mit Hammer auf weicher Unterlage festnageln], Reißverschluß, Knopf und Knopfloch).

Guppe III ∗ ∗ ∗ O O O

Spielregal, Spielschrank (für das Kind erreichbar)

Modellfahrzeuge
Fahrzeuge, die technisch funktionieren
Schiffe, Flugzeuge

Spielzeug zum Stecken und Schrauben (z. B. Kiddikraft-Haus mit verschiedenen Formen, Farben und Schlüsseln)
anspruchsvollere Steckspiele

Montessori-Material

Puppenwagen, Puppen in verschiedener Ausführung, Puppenkleider

Puppenhaus, Kaufladen

Geschirr zum Kochen, Haushaltsgeräte

Baukästen verschiedener Ausführung
(Lego)-Bausteine, Fischer-Technik: Bauelemente

Handspielpuppen

Aufzieheisenbahnen, einfache elektrische Eisenbahnen, einfache elektrische Autobahnen

Kleidung für Rollenspiele

Tisch-Gesellschaftsspiele (Lotto, Spiele mit Farbenwürfel, Spiele mit Zahlenwürfel, Kartenspiele, Packesel, Ringwurfspiele, Hütchen hüpf, Flipper, Tischfußball, Tisch-Hockey)

Bilderbücher, eventuell mit kleinen Texten (Einzelheiten aus dem Bild erkennen, Spielbilderbücher)

Puzzles mit erhöhtem Schwierigkeitsgrad, aber immer noch Stützen für körperbehinderte Kinder

Technische Geräte zum Ausprobieren (Schalter, Taschenlampe, Klingel, einfacher Plattenspieler, einfaches Tonbandgerät, Radioapparat, Spielherd [elektrisch], batteriebetriebene Fahrzeuge usw., batteriebetriebenes Telefon [zwei Apparate], Waage, Lupe, Wecker, Thermometer, Dienes-Material)

Steckspiele mit relativ hohem Schwierigkeitsgrad

Perlen zum Kettenfädeln

Ringwurfspiel, andere Wurfspiele

Werkbänke, an denen gehämmert und geschraubt werden kann

Scheren, Wachsmalstifte, Fingerfarben, Kleisterfarben, Wasserfarben, Kreide, Buntstifte, Werkzeuge und Holzabfälle, Bleistifte, Lineal, Knetwachs, Plastilin, Ton, Fimo, Plastika, Bastelmaterial verschiedener Art
Zuordnungsspiele, Bildgeschichten, Spiele zur Begriffsbildung und zum Einsehen mathematischer Vorgänge

Verallgemeinernd sollte sich in dieser Gruppe darum bemüht werden, das für gesunde Kinder gängige Spielzeug so einzusetzen, daß es auch von behinderten Kindern ohne größere Schwierigkeiten benutzt werden kann. Auf dieser Stufe sollten behinderte Kinder fähig werden, mit der Hilfe des Spielleiters einzelne, ihnen entsprechende Spielzeuge aus dem großen Angebot des Spielwarenhandels auszuwählen und dann auch sinnvoll im Spiel einzusetzen.
Es sei zum Schluß dieser Zusammenstellung darauf hingewiesen, daß der Spielleiter vor Auswahl des einzelnen Spielmaterials beachten muß, welche geistigen und körperlichen Voraussetzungen das Kind mitbringt, das nun mit diesem ausgewählten Spielzeug spielen soll. Außerdem ist das Alter zu berücksichtigen. Das Angebot sollte soweit dem Lebensalter entsprechen, daß beispielsweise ein sehr stark geistig behinderter Junge von 12 Jahren vielleicht durch das Spiel dazu kommt, eine Taschenlampe richtig zu benutzen.
Ein körperbehindertes Kind mit normaler Intelligenz könnte im Gegensatz dazu durchaus viele Spiele der Gruppe III gut bewältigen, brauchte aber dringend zu seiner körperlichen Weiterentwicklung den weichen Stoffball der Gruppe I.

Siehe auch:
Neues Material für Spiel, Unterricht und Beschäftigung geistig Behinderter. Hrsg. von der Bundesvereinigung Lebenshilfe für geistig Behinderte e. V., Marburg (erscheint zweimal jährlich)
Binswanger/Fischer/de Paoli: Spielsachen für das geistig behinderte Kind, Pro Juventute, Zürich 1974
Krenzer, Rolf: Spiel und Beschäftigung im Kleinkind- und Vorschulalter, Kemper, Staufen/Brsg. 1973

Das Spielbilderbuch

In den letzten Jahren ist auf dem internationalen Buchmarkt ein neuer Bilderbuchtyp erschienen, der bisher leider keine nennenswerte Beachtung fand. Der Sammelbegriff hierfür lautet: Spielbilderbuch.

Ein solches Buch geht in seinen Spielmöglichkeiten weit über das gewöhnliche Bilderbuch hinaus, bietet es doch neben dem Betrachten und Zuhören eine ganze Reihe interessanter Spielmöglichkeiten an. So werden die bekannten Einzel- und Gruppenspiele durch die neuen Spielbilderbücher wesentlich bereichert.

Gesunde Kinder haben ihren Spaß an diesen Büchern mit Experimentiergehalt. Für behinderte Kinder aber bedeutet die Arbeit mit dem Spielbilderbuch eine wichtige Möglichkeit, kleine Techniken zu erlernen und mit der Hilfe des Bildes einen weiteren Teil der Umwelt zu erkennen und zu verarbeiten. In dem Angebot der Arbeitsmittel für behinderte Kinder bedeutet dieser Bilderbuchtyp eine neue Variante, die zu großen Hoffnungen berechtigt.

Es zeigt sich im Umgang mit diesen Spielbilderbüchern, daß geistig behinderte Kinder von diesen Spielbilderbüchern sehr schnell angesprochen werden, und daß sie für lange Zeit zu Lieblingsspielzeugen werden können. Immer wieder wendige Übungen im Zählen, Aufzählen, Vergleichen, Ordnen, Benennen, Erzählen, Berichten, Wiederholen usw. im sprachlichen und technischen Bereich werden hier zum Spiel und gerade deshalb viel leichter eingesehen und behalten. Gleichzeitig wächst das behinderte Kind durch die gemeinsame Arbeit mit den einzelnen Bildern viel schneller in die Spielgemeinschaft hinein, als es in anderen Situationen möglich ist. Es hört zu, was der Erzieher erzählt. Es hört auf seine Spielkameraden. Es wartet, bis es selbst an der Reihe ist. Wenn es selbst das Spiel mit dem Bilderbuch spielt, kommt es zu spontanen und lebhaften Äußerungen.

In solchen Bilderbüchern werden auf jeder Seite viele Einzelheiten zu einem Gesamtbild verarbeitet. Die Themen dieser Gesamtbilder sind der täglichen Umwelt entnommen, erreichen aber durch die konzentrierte Zusammenschau eine besondere Wirkung, beispielsweise die Themen „Zirkus", „Bahnhof", „Autos auf der Straße", „Feuerwehr" und „Stadt".

Die Spielanleitung ist sehr einfach. Nach einem bestimmten Spielplan werden die Kinder aufgefordert, herauszufinden, was alles zu entdecken ist, beispielsweise zum Thema „Zirkus":

Ich sehe was, was du nicht siehst: Drei Clowns!
Wer findet sie?
Ich sehe fünf rote Bälle!
Wer findet sie?
Ich sehe Artisten auf dem Seil!

Wo sind sie?
Wieviel Artisten sind es?

Einer nach dem anderen darf fragen. Dieses Spiel scheint mir besonders geglückt, da der Erzieher sehr schnell zurücktreten kann. Das Fragen wird sehr gern von den Kindern der Spielgruppe übernommen. Am besten eignet sich dieses Spiel für eine Gruppe von 3 — 4 Kindern.

Überhaupt sollten nicht mehr als 3 — 4 Kinder an ein Spielbilderbuch gesetzt werden. Es kann durchaus mit mehr Kindern gespielt werden, wenn genügend Exemplare vorhanden sind. Beispielsweise ergibt sich auf diese Weise ein den behinderten Kindern gemäßer Unterricht, in dem sich das Spiel auf die ganze Gruppengemeinschaft überträgt und der Lehrer als Spielleiter fungiert.

Erfahrungen mit diesen Büchern zeigen, wie stark Kinder von lustigen Darstellungen angeregt werden können und so zum spontanen Sprechen, zum Spiel mit dem Bilderbuch gelangen können. Als mögliche Hilfsmittel können auch erfolgreich Tonbandgerät und Kassettenrecorder eingesetzt werden. Die Texte besonders beliebter Bilderbücher werden vom Erzieher auf das Tonband gesprochen, wobei das Umblättern der Seiten jeweils durch ein deutliches akustisches Signal angezeigt wird. Diese akustischen Signale können sich nach dem Inhalt des jeweiligen Bilderbuches richten, z. B. Klingel, Gong, ein paar Töne auf dem Glockenspiel, eine Melodie auf der Mundharmonika, Kuckuck, Autohupe.

Vom Tonband her können auch direkte Spiel- und Suchaufgaben erfolgen: „Wo ist der blaue Regenschirm? — Zeige mit deinem Finger darauf! — Zeige auch den anderen Regenschirm! — Zeige auf den grünen Regenschirm!"

Zusätzliche Möglichkeiten bieten Kopfhörer, die dem einzelnen Behinderten direkte Spiel- und Beschäftigungsanregungen zu dem entsprechenden Spielbilderbuch vom Tonband her vermitteln können und sich individuell variieren lassen.

Im folgenden sollen nun die Möglichkeiten und Anregungen des Spielbilderbuches an einzelnen Beispielen aufgezeigt werden. Die Zusammenstellung bietet eine Auswahl zur Zeit vorliegender geeigneter Spielbilderbücher. Wie in allen übrigen Kapiteln dieses Buches ist die Vorstellung einzelner Spielmöglichkeiten lediglich als Anregung gedacht, die zu weiteren eigenen Experimenten mit dieser Spielform führen sollen. Die Darstellung soll nicht einengen, sondern soll nur erste Impulse zu eigenen Spielen geben.

Arbeitsheft: Das Jahr ✶✶ O

In einer speziell für behinderte Kinder herausgegebenen Reihe sollen die Spielmöglichkeiten exemplarisch an dem „Arbeitsheft: Das Jahr" von Dagmar Domina dargestellt werden.

Jeder der zwölf Monate des Jahres wird in drei Einzelbildern und einem Gesamtbild vorgestellt. Dieses Gesamtbild bringt die Einzelbilder wieder zusammen und kann gleichzeitig als Kalenderblatt herausgetrennt werden. Winzige Reizwörter unter den Bildern erhellen die Situation und können dem ersten Lesen dienlich sein.

Die Einzelheiten sind zwar vereinfacht, aber richtig wiedergegeben. Mit diesem Heft kann man zu Gesprächen, zu ersten Benennungen, zum Ausmalen, zum

die Maske
die Nase

lustige Kleider
Verkleidung

der Kreppel
die Schüssel

Fastnacht
die Maske   lustige Kleider   die Schüssel
die Nase   Verkleidung   der Kreppel

Schneiden und zum Kleben kommen. Außerdem ist jedem Heft dieser Reihe eine ausführliche Anleitung für die Hand des Erziehers beigefügt.
Der Monat Februar ist in seiner Bildauswahl hier exemplarisch aufgezeigt. Besonders reizvoll ist eine Seite des Heftes, in der eine große Torte den Geburts-

tag des Kindes darstellt. Diese Seite kann ausgemalt, ausgeschnitten und dann im richtigen Monat in den Kalender eingefügt werden. Die einzelnen Bilder des Arbeitsheftes zeigen zudem Kinder so stark in Aktion, daß die dargestellten Szenen direkt zum darstellenden Spiel auffordern.
Ein reizvolles Quiz ergibt sich, wenn einzelne Szenen von Kindern dargestellt werden, und die übrigen raten sollen, um welche Tätigkeit, um welchen Monat und um welche Jahreszeit es sich hierbei handelt.
Da diese Szenen immer wieder gern gespielt werden, fällt ganz nebenbei sogar ein Lernerfolg ab, nämlich das Einprägen und Ordnen der einzelnen Monatsnamen.
In der gleichen Reihe erscheinen: „Der Tag", „Weihnachten" „Meine Wohnung", „Ein Haus wird gebaut", „Verkehr", „Im Zoo" und „Die Post" * (*) O

Schweinchen Ringelfein * O
Alfred und Ursula Wollinger haben drei Spielbilderbücher herausgebracht, in denen ein Grundbild (fester Karton) durch das Überklappen weiterer Seiten immer wieder verändert wird. So verwandelt sich beispielsweise das Schweinchen Ringelfein nacheinander in Elefant, Nashorn, Nilpferd, Maus, Hahn, Kuh, Fisch und Löwe, um schließlich wieder das Schweinchen Ringelfein zu werden. Im begleitenden Text kann man dann lesen:
„Am Ende doch will Ringelfein
viel lieber wieder Schweinchen sein.
Den Grund wollt' ihr gern wissen:
Es konnte nicht — man sieht es ein —
sein Ringelschwänzchen missen."
Kinder haben an diesem „Zaubern" viel Spaß, gleichzeitig wird das Entdecken und Wiedererkennen sowie das spontane Sprechen angeregt und geübt.
Ganz ähnlich sind die beiden anderen Bücher aufgebaut. „Der Zauberer Hokusil" verzaubert sich in alle möglichen Figuren. Unter dem Titel „Wer fährt mit?" steigt der kleine Jan immer wieder in andere Fahrzeuge um. Eine Spielgeschichte, die besonders Jungen begeistern kann. * O

Ich weiß etwas, was du nicht weißt ** O
Das Buch bietet Sachen zum Raten an. Hier muß immer eine Seite umgeblättert werden und oft sieht eine Lösung ganz anders aus, als man es erwartet hatte. Behinderte Kinder verstehen den „Spaß" dieses Buches nach und nach. Gegen Ende werden sogar im Spiel Dinge angefaßt, die den Spielern, Betrachtern und Lesern wirklich zu denken geben, nämlich die Darstellung des „guten" und „schlechten" Onkels. Hier werden überaus wichtige Ansatzpunkte zu vielen klärenden Gesprächen gegeben, die gerade bei behinderten Kindern unumgänglich und notwendig sind.

Die kleine Raupe Nimmersatt ** O
Hier wird im Bilderbuch ein ganz klarer und einsichtiger Einblick in die Welt der Tiere vermittelt. Die Entstehung der Raupe und die Verwandlung in den bunten Schmetterling wird so eindringlich dargestellt, daß das behinderte Kind „spie-

lend" mit dem Naturverständnis konfrontiert wird. Überaus reizvoll ist es, daß in diesem Buch die kleine Raupe tatsächlich Löcher in die einzelnen Blätter gefressen hat.

Daneben gibt es auch Ansätze im Spielbilderbuch, die einzelne Berufe und Fahrzeuge in spielgemäßer Form vorstellen, beispielsweise „Tut, tut wir fahren" — „Ich wünscht, ich wär ..." — „Arbeitshefte: Die Post; Die Bahn; Verkehr; Ein Haus wird gebaut; Im Kaufhaus."

Aus den Verlagen:

Carlsen, Reinbek
    Totte geht raus — Totte und das Wasser — Totte räumt auf —
    Totte baut ein Haus — Totte und die Muschikatze —
    Totte und Monika   *O
    Das kleine Feuerwehrauto — Der kleine Zug — Cowboy Klein —
    Das kleine Auto   **O
    Komm und schau — Komm und schau weiter — Jakob und
    Joachim auf Reisen   ***O

Brockhaus, Wiesbaden
    Mein erster Brockhaus   *O

Otto Maier, Ravensburg
    Rundherum in meiner Stadt — Kommt mit ans Wasser —
    Bei uns im Dorf — Wo ist der grüne Papagei — Mein Hemd
    ist weiß, und was ist rot?   **O
    Ich bin die kleine Maus — Ich bin das kleine Bärenkind —
    Ich bin der kleine Hase — Willi Waschbär tat das auch —
    Was machen die Tiere — Ich bring dir Milch von der Kuh —
    Guten Tag, liebes Kind — Mein großes Tierbilderbuch   *O
    Hast du Worte? — Was ist hier los?   ***O

Herder, Freiburg
    Herders buntes Bilderlexikon — Rate mit im Rätselzoo —
    Räder rollen   **O

Droemersche Verlagsanstalt, München
    Knaurs Kinderbuch in Farben   **O

Südwest, München
    Was Kinder wissen wollen   **O

Hirschgraben, Frankfurt/M.
    Arbeitshefte: Meine Sachen — Haustiere — Im Zoo —
    Im Kaufhaus — Meine Wohnung — Der Tag — Weihnachten   *O
    Arbeitshefte: Das Jahr — Verkehr — Die Stadt — Ein Haus
    wird gebaut — Die Bahn — Die Post — Sachbuch: Die Stadt   **O

Kaufmann/Kösel, Lahr
    Werkblock: Das Kirchenjahr — Werkblock: Gottesdienst   *O

Thienemann, Stuttgart
    Was ist das?   ✻ O

Oetinger, Hamburg
    Schweinchen Ringelfein — Der Zauberer Hokusil —
    Wer fährt mit? — Allerlei um mich herum — Dies und das
    aus meiner Welt — Steig ein — Komm mit — Ich weiß,
    was du machst — Ich weiß, was du bist   ✻ O
    Wenn du den Fluß wegnimmst   ✻ ✻ O

Beltz, Weinheim
    Wo ist Wendelin — Brülle ich zum Fenster raus   ✻ ✻ O

Ellermann, München / Rowohlt, Reinbek
    Ich weiß etwas, was du nicht weißt   ✻ ✻ O

Stalling, Oldenburg
    Die kleine Raupe Nimmersatt — Gute Reise, bunter Hahn —
    1, 2, 3, ein Zug zum Zoo   ✻ ✻ O

Sellier, Freising
    Ratebilderbuch — Postkarten-Bilderbücher   ✻ ✻ O

Spiele mit Material

Die aufgeführten Spiele lassen sich gleichzeitig als Spiele mit allen Sinnen aufführen. Sie sind aber hier zusammengestellt, weil zu ihrer Durchführung bestimmtes Material notwendig ist. Das Material kann käuflich erworben werden. Es kann aber auch aus vorhandenem Spielzeug so umgebaut werden, daß es dem Spiel einen entsprechenden Anreiz zu geben vermag. Vielfach läßt sich das Material auch auf sehr einfachem Wege selbst herstellen.
Ebenfalls sind hier Spiele berücksichtigt, die Material benötigen, das in der Natur — unter Umständen jahreszeitlich bedingt — anzutreffen ist.

Kegelspiel E**OO

Spieldauer: 5 bis 30 Minuten   Spieler: 2 bis 6
Material: Kegel verschiedener Ausführung (Holz, Plastik, Pappe — Kegel lassen sich außerdem aus Fadenspulen leicht selbst herstellen, indem jeweils drei Fadenspulen übereinandergeklebt werden. Der König besteht aus vier übereinandergeklebten Fadenspulen), Ball (Stoffball, Gummiball)

Mit einem großen Ball sollen die Kegel von einer Startlinie umgeworfen werden. Jeder Kegel zählt einen Punkt, der König zählt doppelt. Die Entfernung von Wurflinie zu den Kegeln, die Anzahl der Kegel, die Aufstellung der Kegel und der Abstand der einzelnen Kegel voneinander ergeben sich aus den individuellen Fähigkeiten der entsprechenden Spielgruppe. Auch die Wahl des Balles ist hier entscheidend.

Ringwerfen E*OO

Spieldauer: 5 bis 15 Minuten   Spieler: 2 bis 8
Material: Holzstange (etwa 30 cm hoch), Plastikziel Gummi- oder Plastikreifen (15 bis 20 cm Durchmesser)

Wir versuchen aus einer festgesetzten Entfernung drei Reifen über eine aufgestellte Holzstange zu werfen. Wer das Ziel trifft, erhält einen Punkt. Es lassen sich auch verschiedene Zielpunkte nebeneinander aufstellen. Für den mittleren Punkt gibt es dann die meisten Gewinnpunkte.
Die Entfernung der Werfer zum Ziel ergibt sich aus der individuellen Behinderung. Stark körperbehinderte Kinder müssen sehr nahe an das Ziel geführt

werden, wenn man ihnen das Erfolgserlebnis des Treffens trotz der Behinderung ermöglichen will.

Klickerspiele   E * O O

Spieldauer: 5 bis 10 Minuten   Spieler: 2 bis 4
Material: bunte Ton- oder Glasklicker (Murmeln, Schusser), größere und kleinere Holzkugeln, kleine Gummi- oder Plastikbälle, Bauklötzer

Jeder hat drei Klicker. Wir graben im Sand eine kleine Höhle. Sie ist unser Ziel. Nun sollen die Klicker in diese Höhle gerollt werden. (Im Zimmer wird die Höhle aus Bausteinen gebaut. Sie ist nach einer Seite offen). Wer die Höhle trifft, bekommt einen Punkt. Wenn keiner trifft, darf der, der seinen Klicker am nächsten an der Höhle hat, es noch einmal versuchen.
Dann wird das Spiel wieder neu begonnen.
Das übliche Klickerspiel, in dem der Gewinner die Klicker der Verlierer erhält, stößt auf große Schwierigkeiten bei geistig behinderten Kindern. Man sollte deshalb nicht die Klicker „verspielen" lassen. Auch die Einsicht, daß man von dort aus, wo der Klicker hingerollt ist, weiterschießen darf, ist oft nicht zu erreichen. Deshalb empfiehlt sich für geistig behinderte Kinder der Spielvorschlag in der oben angegebenen Form.

Wer wirft den Turm um?   * O O

Spieldauer: 5 bis 10 Minuten   Spieler: 2 bis 6
Material: Holzkugeln, Gummi- oder Plastikbälle, Bausteine

Wir bauen mit leichten Bausteinen einen hohen Turm. Von einer Startlinie aus soll nun versucht werden, diesen Turm mit Holzkugeln zum Umfallen zu bringen. Die Holzkugeln werden über den Boden gerollt. Wer den Turm trifft, erhält einen Punkt.

Mit Schneebällen zielen   E * O O

Spieldauer: 5 bis 15 Minuten   Spieler: 2 bis 8
Material: Schneebälle (eventuell auch Gummi- oder Stoffbälle, Sandsäckchen)

Wir zeichnen auf eine senkrechte Fläche (Wand, Tafel) ein Haus mit Tür und

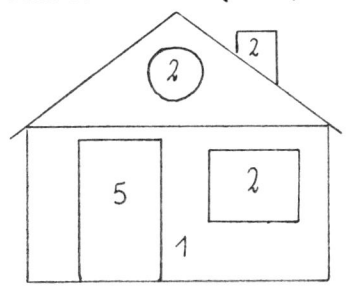

Fenster. Jeder darf mit einem Schneeball auf dieses Ziel werfen. Wer Tür oder Fenster getroffen hat, bekommt einen zusätzlichen Punkt. Auch ein Schneemann kann als Zielscheibe dienen.

Schneeballwerfen E ∗ O O

Spieldauer: 5 bis 10 Minuten   Spieler: 2 bis 8
Material: Schneebälle (auch weiche Stoffbälle)
Einer wirft einen Schneeball so weit er kann. Nun muß jeder Spieler versuchen, weiter zu werfen. Wer am weitesten kommt, darf bei der nächsten Runde den ersten Ball werfen. Wer aber sogar den Ball trifft, bekommt eine besondere Belohnung.

Ein Schneeball wandert E ∗ O O

Spieldauer: 5 bis 10 Minuten   Spieler: 4 bis 8
Material: Schneebälle
Wir stehen im Kreis und geben einen Schneeball von Nachbar zu Nachbar weiter. Wir müssen aufpassen, daß dabei der Schneeball nicht herunterfällt oder zerplatzt. Wer ihn zerplatzen läßt, muß einen neuen Schneeball formen.

Wo ist mein Püppchen? ∗ O

Spieldauer: 5 bis 10 Minuten   Spieler: 2 bis 6
Material: Kleine Tütenpuppen aus verschiedenfarbigem Karton in unterschiedlicher Größe, einfache Gesichter aufgemalt oder aufgeklebt. Auch die berühmte russische Puppe läßt sich hierzu verwenden. (Matrjoschka, Babuschka, Steckpuppe)
Jeder Spieler erhält ein Püppchen. Wer das größte Püppchen hat, ruft: „Wo ist mein Püppchen?". Das betreffende Kind darf sein Püppchen unter die größere Puppe schieben. Jetzt rufen beide: „Wo ist mein Püppchen?" Das nächst kleinere Püppchen wird nun unter die beiden Puppen geschoben. Das geht so lange, bis auch das winzigste Püppchen unter der großen Puppe steckt.

Besonders reizvoll wird das Spiel, wenn jedes Kind ein Püppchen vor sich stehen hat. Das winzigste Püppchen wurde unbemerkt unter einer der Puppen versteckt. Wer errät, unter welcher Puppe sich das winzigste Püppchen versteckt hält, darf es bei der nächsten Runde verstecken.

Das Mäuschen will umziehen ∗ O

Spieldauer: 5 bis 10 Minuten   Spieler: 2 bis 4
Material: An einer Seite offene Würfel aus Plastik oder Holz, Spieltier
Das Spielmäuschen wird in den kleinsten Würfel gesteckt. Dort frißt es. Es wird

ihm bald so eng, daß es in den nächst größeren Würfel umziehen muß. So zieht es so lange von einem zum nächsten Würfel um, bis es endlich im größten Würfel wohnt.

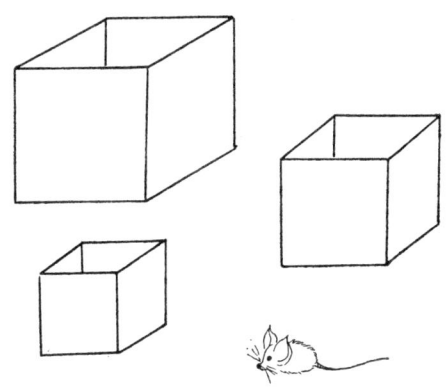

Aber dort wird es ihm zu kalt. Da wird der nächstkleinere Würfel in den größeren gesteckt und das Mäuschen hineingesetzt. Jetzt hat es schon doppelte Wände um sich herum. Doch es ist ihm immer noch zu kalt. So wird ein Würfel nach dem anderen eingesetzt, bis das Mäuschen endlich im allerkleinsten Würfel seinen Platz findet.

Beeren sammeln ∗ O

Spieldauer: 5 bis 10 Minuten   Spieler: 2 bis 5
Material: Bunte Kugeln (ROT = Erdbeeren, GELB = Weintrauben, BLAU = Heidelbeeren, GRÜN = Stachelbeeren, WEISS = weiße Johannisbeeren) Körbchen

Auf einem Tablett liegen die verschiedenen Kugeln. Nun sollen alle Erdbeeren ins Körbchen gelegt werden, danach die Stachelbeeren, Weintrauben usw. Jedes Kind kann dazu aufgerufen werden, z. B. „Eva, lege drei Erdbeeren in unser Körbchen!"
Variation: Wer sammelt in kürzester Zeit die meisten Heidelbeeren in seinem Körbchen, wer die meisten Erdbeeren usw.
Um die Zahlvorstellung zu üben, darf der Spielleiter auch eine bestimmte Anzahl einzelner Kugeln nennen, die gesammelt werden sollen: „Jeder sammelt zwei Erdbeeren und eine Weintraube."
In diesem Spiel werden Zahl- und Farbzuordnung geübt.

Wir zünden die Laternen an ∗ O

Spieldauer: 5 bis 10 Minuten   Spieler: 2 bis 8
Material: Kleine runde Döschen in den Grundfarben stellen Laternen dar. Es lassen sich auch sehr einfache Laternen aus farbigem Karton basteln.

Die bunten „Laternen" sind überall im Raum verteilt. Der Spielleiter hebt ein Laternchen hoch. Er fragt nach der Farbe. Wenn diese richtig genannt wird, sagt er: „Wir wollen alle roten Laternchen anzünden." Nun laufen die Spieler im Zimmer umher, bis sie die roten Laternchen gefunden haben. Jeder hebt sein rotes Laternchen hoch. Wer sein Laternchen zuerst hochgehalten (angezündet) hat, darf bei der nächsten Runde Spielleiter sein, in der beispielsweise alle blauen Laternchen angezündet werden sollen. Das Spiel läßt sich variieren, indem beliebige Laternchen angezündet werden, und nachträglich jeder Spieler die Farbe seines Laternchens benennen soll.

Alles ist zweimal da ＊○

Spieldauer: 5 bis 15 Minuten   Spieler: 2 bis 8
Material: In einem Kasten (Schublade, Körbchen) sind jeweils zwei gleiche Gegenstände zusammen mit vielen anderen aufbewahrt: Legestäbchen, Spielautos, Spielpüppchen, Puppenmöbel, Muggelsteine, farbige Kugeln, Legosteine, Stecker, Legetäfelchen, Spieltiere aus Holz, Plastik und Stoff in verschiedener Größe, Bilder, Knöpfe, Geld, Steine, Muscheln, Tannenzapfen usw.

Der Kasten mit dem Spielmaterial wird vor die Spieler gestellt. Nun sollen immer zwei gleiche Dinge herausgesucht werden. Wer die meisten Paare in einer angegebenen Zeit herausgefunden hat, hat gewonnen.

Man kann auch den einzelnen Spielern jeweils einen Gegenstand in die Hand geben und das passende Gegenstück heraussuchen lassen.

Eine Variation, die stärker behinderten Kindern entspricht, sieht vor, daß jeweils das Pendant zu den Gegenständen in dem Kasten auf einem Tisch oder in einzelnen Schälchen geordnet bereit liegt. Der Spieler sucht sich dann einen Gegenstand aus dem Kasten und vergleicht so lange mit den bereitliegenden Gegenstücken, bis er das passende Paar gefunden hat.

Meine bunte Eisenbahn ＊○

Spieldauer: 5 bis 15 Minuten   Spieler: 2 bis 8
Material: Aus farbigem Karton werden pro Spieler eine Lokomotive und verschiedenfarbige Wagen geschnitten, außerdem runde und viereckige Gepäckstücke in verschiedenen Farben.

Wir legen einen Zug vor uns. Nach Anweisung hat er entweder nur blaue oder nur gelbe oder rote Wagen. Manchmal zieht die Lokomotive auch zwei grüne, einen gelben und drei rote Wagen. Jeder Zug sieht anders aus.

Nun können zusätzlich noch die einzelnen Wagen mit bunten Gepäckstücken bepackt werden, z. B. drei gelbe viereckige Pakete auf den blauen Wagen, zwei runde rote Päckchen auf den grünen Wagen. Mit diesem Spiel können Farben, Formen und die Zuordnung von Mengen immer wieder lustbetont geübt werden.

Kasper hat etwas gefunden ＊○

Spieldauer: 5 bis 10 Minuten   Spieler: 2 bis 8
Material: Eine Handspielpuppe, verschiedene Dinge der Umwelt

Der Kasper sitzt auf der Hand des Spielleiters und jammert, daß er gern etwas Schönes finden möchte. Da bringt ihm ein Spieler eine Blume. Der Kasper freut sich und möchte noch etwas haben. Nun suchen alle nach den gleichen Blumen. Wenn der Kasper wieder eine gezeigt bekommt, freut er sich. Ist es aber nicht die gleiche Blume, beginnt er wieder zu jammern. Dieses Spiel läßt sich mit vielen Dingen der täglichen Umwelt des behinderten Kindes spielen. Es übt das

Vergleichen, das Wiedererkennen und das Benennen. Einige Beispiele für solche Fundsachen sind verschiedene Blätter, Blumen, Steine, Gräser, Spielklötzer, Puppen, Spielautos, Legeblättchen, Muggelsteine, Becher usw.

Ein Paket wird gepackt   *O

Spieldauer: 5 bis 10 Minuten   Spieler: 2 bis 8
Material: Pappkarton, verschiedene Gegenstände, die man in ein Paket packen kann oder Bilder einzelner Gegenstände (eventuell auf Pappe oder Bilderlottokärtchen)

Wir sitzen um den Tisch, auf dem ein großes Paket steht. Der Spielleiter teilt jedem einige Gegenstände aus, z. B. Buntstifte, Ball, Buch, Spiel, Bild, Muggelsteine, Bausteine, Puppengeschirr usw.
Nun ist jeder der Reihe nach einmal dran. Er sagt: „Ich packe Buntstifte ein!" Damit legt er die Buntstifte in das Paket. Der nächste sagt: „Ich packe einen roten Ball ein!" und legt den Ball in das Paket.
Wenn das Paket vollgepackt ist, darf sich jeder wieder der Reihe nach einen Gegenstand herausholen: „Ich packe ein Bilderbuch aus", „Ich packe ein Spiel aus" usw.
Das Spiel kann auch dann gespielt werden, wenn statt der wirklichen Gegenstände lediglich Bilder der einzelnen Dinge ausgeteilt werden.
Um die Phantasie anzuregen, können farbige Holzsteinchen in einer anderen Bedeutung benannt und in das Paket gelegt werden, z. B. Kuchen, Plätzchen usw. Als Begrenzung sollte darauf geachtet werden, daß nur solche Dinge eingepackt werden, die tatsächlich zusammen in einem Paket verschickt werden können.

Die Tiere haben sich versteckt   *O

Spieldauer: 5 bis 10 Minuten   Spieler: 2 bis 8
Material: verschiedene Spieltiere aus Stoff, Holz, Plastik usw., die aber stimmlich nachgeahmt werden können, z. B. Esel, Löwe, Katze, Hund, Vogel, Hahn, Huhn, Ente, Bär, Elefant usw.

Einer muß sich umdrehen. In der Zwischenzeit verteilt der Spielleiter verschiedene Tiere an die Kinder. Jeder erhält ein Tier und versteckt es hinter dem Rücken.
Jetzt darf sich der erste Spieler wieder umdrehen und rufen: „Mir sind alle Tiere fortgelaufen!" Darauf sagt der Spielleiter: „Alle Tiere haben sich versteckt!" Der Spieler geht von einem zum anderen und fragt: „Ist bei dir ein großes Tier? — Frißt es Heu? — Legt es Eier? — Hat es Federn?" usw. Wenn das Tier nicht geraten wird, darf der betreffende Mitspieler die Stimme des Tieres nachahmen. Sind alle Tiere gefunden, kommt ein anderer als Sucher an die Reihe.

Viele Tiere sind im Stall   *O

Spieldauer: 5 bis 10 Minuten   Spieler: 2 bis 6
Material: verschiedene Spieltiere in kleiner Ausführung, Bausteine

In die Mitte des Tisches wird aus Bausteinen ein Stall gebaut. Wir legen alle möglichen Spieltiere hinein. Nun halten wir uns alle die Augen zu, und in dieser

Zeit nimmt der Spielleiter ein Tier heraus und versteckt es. Jetzt muß erraten werden, welches Tier fehlt. Wenn keiner es herausbekommt, ahmt der Spielleiter die jeweilige Tierstimme nach. Wer das Tier zuerst errät, darf in der folgenden Spielrunde ein anderes Tier verstecken.

Alle Kugeln rollen los! ✳ O

Spieldauer: 5 bis 10 Minuten   Spieler: 2 bis 4
Material: Kugelrinne, bunte Holzkugeln
Jeder Spieler bekommt drei Kugeln. Peter hat rote Kugeln, Klaus gelbe, Elke blaue und Kristina grüne. Nun werden die Kugeln hintereinander von der Kugelrinne heruntergerollt. Dann wird festgestellt, welche Kugeln am weitesten gerollt sind. Wer gewonnen hat, darf beim nächsten Spiel als erster seine Kugeln losrollen lassen.

Angelspiel ✳ O

Spieldauer: 5 bis 10 Minuten   Spieler: 2 bis 6
Material: Eine Angel: ein Stab, an dessen oberem Ende ein leicht gebogener weicher Draht befestigt ist. Verschiedene Gegenstände, die sich leicht „angeln" lassen. (Dinge aus Plastik: Reifen, Tasse, Eierbecher, Pilz, Püppchen usw.)
Die Gegenstände werden in einen großen Karton gelegt. Nun dürfen die Spieler abwechselnd mit ihren Angeln die Sache herausholen.
Wenn man das Angeln schwieriger machen will, werden dem Angler die Augen verbunden.
Man kann auch die Gegenstände in einer Reihe auf den Tisch stellen. Dann „angelt" der Spieler mit verbundenen Augen und muß anschließend raten, welche Gegenstände er in der Hand hat.
Die auf dem Markt befindlichen Angelspiele lassen sich bei weniger stark körperlich behinderten Kindern gut verwenden.

Das Farbenspiel ✳ O

Spieldauer: 5 bis 10 Minuten   Spieler: 2 bis 8
Material: große runde oder viereckige Scheiben in verschiedenen Farben
Jedes Kind erhält 5 Scheiben ausgeteilt, die vorher gemischt wurden. Der Spielleiter hat ein Sortiment Farbscheiben mit allen ausgeteilten Farben. Nun legt er die rote Scheibe auf den Tisch. Norbert darf anfangen. Er sucht eine rote Scheibe aus seinem Haufen heraus und legt sie auf die Scheibe des Spielleiters. Nun ist Peter dran. Er verfährt ebenso wie Norbert. Wer keine rote Scheibe hat, muß passen. Das Spiel geht so lange, bis alle roten Scheiben ausgelegt sind. Jetzt greift der Spielleiter nach einer anderen Scheibe und legt sie in die Mitte des Tisches. Das Spiel geht so lange, bis einer der Spieler alle Scheiben losgeworden ist. Er ist Sieger und darf bei der nächsten Runde Spielleiter sein.
Als Variation kann man große Pappteller in den verschiedenen Farben anfertigen. Dann entscheidet jeweils der Farbenwürfel, welches Farbtäfelchen aufgenommen und in den betreffenden Pappteller gelegt werden darf. Auch hier hat

der gewonnen, der zuerst alle seine Spielscheiben untergebracht hat. Ähnliche Spiele sind „Bunte Ballone" und „Die vier ersten Spiele", die im Handel erhältlich sind.

Ingo will verreisen   **O

Spieldauer: 5 bis 10 Minuten   Spieler: 2 bis 6
Material: Puppe, die den Ingo darstellt; verschiedene Puppenkleider

Der Koffer wird auf den Tisch gestellt. Jeder Spieler erhält Unter- und Oberbekleidung. Nun wird zuerst die Unterbekleidung der Reihe nach eingepackt und benannt (Unterhose, Schlüpfer, Unterhemd usw.), danach die Oberbekleidung (Hose, Mantel, Jacke usw.)
Danach soll geraten werden — wieder geordnet nach Unter- und Oberbekleidung —, was sich alles im Koffer befindet.
Man kann auch für dieses Spiel Bilder der einzelnen Kleidungsstücke verwenden.

Fünf Perlen in beiden Händen   **O

Spieldauer: 5 bis 10 Minuten   Spieler: 2 bis 8
Material: bunte Perlen

Der Spielleiter sagt: „Ihr müßt raten! In dieser Hand habe ich zwei Perlen. In beiden Händen sind zusammen 5 Perlen. Wieviel Perlen sind in meiner anderen Hand?"
Geistig behinderte Kinder spielen dieses Rechenspiel besonders gut, wenn sie selbst mit Hilfe des Spielleiters die Perlen in ihren Händen verteilen. Wer es zuerst richtig errät, darf als nächster fünf Perlen auf beide Hände verteilen.

Wir bauen das Haus   *O

Spieldauer: 5 bis 10 Minuten   Spieler: 2 bis 6
Material: 1 Farbwürfel, ein aufgezeichnetes Haus, zugehörige Pappeplättchen (Haus und Plättchen sollten vom Spielleiter in sehr einfacher Form ausgearbeitet werden)

Der Haus-Spielplan liegt in der Mitte des Tisches. Mit dem Farbenwürfel wird reihum gewürfelt. Wer die Farbe ROT würfelt, darf einen Baustein auf den Plan legen. Wer den letzten Stein auflegt, das Haus vollendet, hat gewonnen. Das Spiel läßt sich als Haus-Lotto variieren, wenn jeder Spieler seinen eigenen Hausplan vor sich liegen hat und immer dann, wenn er ROT würfelt, ein entsprechendes Plättchen erhält.
Um die Farben weiter zu üben, sollte man sich nach einiger Zeit auf andere Gewinnfarben einigen, blau, gelb usw.
Auch sollte man, wenn das Spiel über einen längeren Zeitraum immer wieder verlangt wird, ein anderes einfaches Motiv auf den Spielplan zeichnen, z. B. Sonne mit Strahlen, Kran, Lastauto, Lokomotive usw.
Grundregel: Je stärker die Behinderung ist, um so größer müssen die Ausmaße des Spielplans und der Spielplättchen sein.

Was bringst du von der Reise mit? ✱✱ O O

Spieldauer: 5 bis 15 Minuten   Spieler: 2 bis 6
Material: für jedes Kind einen Pappkarton oder einen Spielkoffer, Tasche usw. verschiedene Gegenstände aus Holz, Pappe, Papier, Metall, Ton, Wolle, Stroh, Plastik, Gummi usw.

Der Spielleiter hat im Zimmer verschiedene Dinge hingestellt. Nun sagt er:
„Ihr geht jetzt auf die Reise, und ich bleibe hier.
Bringt mir was aus Gummi mit!
Das wünsche ich mir."
Die Spieler gehen durch das Zimmer und bemühen sich, einen Gegenstand aus Gummi in den „Koffer" zu packen und dem Spielleiter zu bringen.
Es geht darum, wirklich einen Gummi-Gegenstand zu finden. Man kann auch die weitere Schwierigkeit einbauen, daß dieses Suchen und Finden in möglichst kurzer Zeit geschehen soll. Danach werden Gegenstände aus anderem Material gesucht.
Nach einigen Spielen werden auch hier die anderen Spieler das Spiel leiten können.
Reizvoll wird das Spiel, wenn es darum geht, daß jeder möglichst viele Gegenstände aus dem gleichen Material mitbringen muß.

Dinge raten ✱ O

Spieldauer: 5 bis 10 Minuten   Spieler: 2 bis 10
Material: bekannte und weniger bekannte Gegenstände oder Bilder derselben

Der Spielleiter zeigt einen Gegenstand (Schere, Pilz, Apfel usw.). Wer ihn zuerst richtig benennt, erhält einen Punkt. Man sollte darauf achten, daß in diesem Spiel auch sprachbehinderte Kinder zum Raten kommen.
Variation: Wer den Gegenstand richtig benennt, darf sich setzen. So hat der Spielleiter die Möglichkeit, gegen Ende des Spiels leichtere Gegenstände erraten zu lassen.

Ich wünsche mir den Tiger her! ✱ O O

Spieldauer: 5 bis 10 Minuten   Spieler: 4 bis 10
Material: große Pappkartons mit eindeutigen Bildern, die umgehängt werden können (Tiere, Werkzeuge, Berufe, Früchte usw.)

Wir sitzen im Kreis und haben beispielsweise alle verschiedene Tiere umgehängt. Neben Inge ist ein Platz leer. Sie ruft: „Mein rechter Platz ist leer. Ich wünsche mir den Tiger her!" Klaus, der das Schild mit dem Tiger umhängen hat, wechselt nun den Platz. Dadurch ist neben Rainer ein Platz freigeworden. Er ruft: „Mein rechter Platz ist leer. Ich wünsche mir den Esel her!"

Wenn ich wiederkomme ✱✱ O

Spieldauer: 5 bis 10 Minuten   Spieler: 3 bis 10
Material: Kleidung, bunte Bausteine usw.

Wir sitzen im Kreis. Ein Kind tritt heraus und sagt: „Wenn ich wiederkomme, müßt ihr alle Rot haben!" Dann tritt es aus dem Kreis heraus. Nun muß jeder

Spieler versuchen, irgendetwas aufzutreiben, das die rote Farbe zeigt. Das mag an der Kleidung zu finden sein. Sonst muß man sich etwas im Zimmer suchen und vor sich halten. Das Spiel eignet sich besonders zum Aufbau sozialer Beziehungen, weil hier einer den anderen durch Ausleihen oder Hilfestellung beim Suchen braucht.

Geeignete Spiele für behinderte Kinder

Der Otto Maier Verlag, Ravensburg, hat sich besonders mit Spielen für Vorschulkinder befaßt und entsprechende Vorschläge ausgearbeitet. Ein Teil dieser Spiele wurde mit behinderten Kindern erfolgreich gespielt. Die hier folgende Auswahl ist erprobt und kann für die Arbeit mit behinderten Kindern (manchmal mit leichten Regelumstellungen oder Materialzusätzen) erfolgreich eingesetzt werden:

Bilderlotto	1 — 6 Spieler	* O
4 erste Spiele	2 — 4 Spieler	* O
2 x Domino	1 — 6 Spieler	E * * O
Lottino	1 — 6 Spieler	* O
Bunte Ballone	2 — 4 Spieler	* O
Das bunte Kartenhaus	2 — 6 Spieler	E * * O O
Dick Bruna Lotto	1 — 6 Spieler	* * O
Farben und Formen	1 — 4 Spieler	E * * * O O
Erstes Lotto + Puzzle	1 — 4 Spieler	* * O O
Linjo	1 — 4 Spieler	E * * O O
Angelspiel	1 — 4 Spieler	* O O O
Junior-Memory	2 — 6 Spieler	E * * * O O
Bunte Welt	1 — 4 Spieler	* * O
Tierlotto	1 — 6 Spieler	E * * O
Wolkenkuckuckshaus	2 — 6 Spieler	E * * O O O
Bilder-Domino	1 — 6 Spieler	* * O O
Verkehrslotto	1 — 4 Spieler	E * * O O
Schwarzer Peter	2 — 4 Spieler	* * O O
Tierbabies-Lotto	1 — 6 Spieler	E * * O O
Colora	1 — 4 Spieler	E * * * O
Wir lesen	1 — 6 Spieler	* * * O
Schnipp-Schnapp	1 — 6 Spieler	* * O O
Happy Family	1 — 4 Spieler	E * * O O
Tiere aus aller Welt	1 — 4 Spieler	E * * * O
Koffer packen	1 — 4 Spieler	E * * * O O
Kombi-Lotto	2 — 6 Spieler	E * * * O
Bummelbahn	1 — 8 Spieler	E * * * O O
Zahlen-Domino	1 — 6 Spieler	E * * * O O
Kletterbaum	1 — 6 Spieler	E * * O O
Erstes Rechnen	2 — 4 Spieler	E * * * O
Glückskäfer-Domino	2 — 4 Spieler	E * * * O

Lese-Domino	2 — 4 Spieler	E * * * O
Fang den Hut	1 — 6 Spieler	E * * * O O O
Leselotto	1 — 4 Spieler	E * * * O

Die von uns angegebene Spielerzahl weicht vielfach von den Vorschlägen auf den Spielen selbst ab. Sie wurde nach Erprobung mit behinderten Kindern von uns als am günstigsten gesehen.

Puzzles:

Baby-Puzzle	* O
Dick Bruna Einlegepuzzles: Bär / Zwerg / Matrose / Eskimo	* O
Tierpuzzles: Eichhörnchen / Meerschweinchen — Küken / Rehkitz Kätzchen / Hunde — Schwan / Siebenschläfer — Zebra / Panda Dompfaff / Fasan	* O
Rahmenpuzzles: Straßenverkehr / Am See / Auf dem Bauernhof / Beim Einkaufen / Blumenstrauß / Lesepuzzle	* * * O O
Kiddy-Puzzles: Straßenszene / Bauernhof / Märchen / Lustige Reise	* * O O
Bambino-Puzzles: Käpt'n Smoky und seine Freunde / Mainzelmännchen / Das tapfere Schneiderlein / Sandmännchen	* * O O
Standpuzzles: Kuh / Pferd / Elefant / Giraffe	* O O
Gelenkzug mit Tunnel	* O
Klangspiel	* O
Pärchen	* O
Ziehente	* O
Schaukelente	* O O
Ringpuzzles: Schäferin / 3 Tiere	* * O O

Leider führen nur Spielzeuggeschäfte in größeren Städten ein so reichhaltiges Sortiment, daß geeignetes Spiel- und Beschäftigungsmaterial jederzeit vorrätig ist. Spielwarenhändler in kleineren Sädten wissen oft nicht, welche Firmen in solchen Fällen anzuschreiben sind. Deshalb erfolgt hier eine Zusammenstellung von großen Spielzeugversandhäusern und Verlagen, die in der Lage sind, alle gewünschten Artikel zu besorgen:

Wehrfritz & Co, 8634 Rodach bei Coburg, Postfach 18; Dusyma-Werkstätten, 706 Schorndorf, Postfach 1260; Lehrmittelhaus Bertold Widmaier, 7300 Esslingen, Postfach 326; Fröbelhaus Forstmeyer, 6000 Frankfurt/M., Wielandstraße 40; Spielzeuggarten, 741 Reutlingen, Nelkenstraße 48.

Einzelne Spiele und Beschäftigungsangebote erhält man bei:

Finken-Verlag, 637 Oberursel/Taunus; Bébé-Confort, 5024 Pulheim; Schrödel-Verlag, 3000 Hannover; EriSpiel, Hardy Löhrer, 785 Lörrach; Winfried Koch, 46 Dortmund; Praunheimer Werkstätten, 6000 Frankfurt/Main.

Spiele mit dem Ball

Seit die Menschheit zurückdenken kann, ist der Ball eines der bevorzugten Spielgeräte im Partner- und Gruppenspiel, aber auch im Einzelspiel gewesen. Er läßt sich überallhin mitnehmen, er läßt sich im Zimmer, in der Sporthalle, auf der Wiese und auf dem großen Sportfeld einsetzen.

Für behinderte Kinder ist das Spiel mit dem Ball wichtig, weil er stets zum Versuchen und zum Beobachten auffordert. Er rolllt, er fliegt, er springt. Man kann ihn hochwerfen und auffangen, einem Partner zuwerfen oder nur einfach über den Boden rollen. Er wird zum Spielpartner.

Seine vollkommene runde Form verhilft dem Spieler zu abgerundeten Bewegungen, zu harmonischer Körperführung und zu intensiver Konzentration und Spielfreude.

Die Wahl des Balles richtet sich nach der individuellen Behinderung. Ein körperbehindertes Kind kann mit einem weichen Stoffball mehr anfangen als mit einem glatten Plastik- oder Gummiball, weil es diesen Stoffball wirklich in den Griff bekommt. Daneben lassen sich Lederbälle, Tennisbälle, Gymnastikbälle, werggefüllte Bällchen, Holzkugeln usw. in gleicher Weise verwenden. Bedingung ist nur, daß sie rund sind und sich gut rollen lassen. Größere Variationen, aber auch erheblich stärkere Schwierigkeiten bietet der Ball, der außerdem auch noch gut springen kann.

Jeder Ball aber, mag es sich auch um eine noch so primitive Form handeln, fordert und bindet die Aufmerksamkeit des einzelnen und löst damit Hemmungen. Das Spielen mit dem Ball schafft Voraussetzungen für harmonische Bewegungen und erzieht den einzelnen, mag er auch noch so stark behindert sein, zum Zusammenspiel mit der Gruppe.

Ballrollen * O

Spieldauer: 2 bis 5 Minuten   Spieler: 1 bis 8

Wir lassen den Ball rollen. Wir holen ihn zurück und lassen ihn wieder rollen.
Wir rollen den Ball in die Kreismitte.
Wir rollen den Ball einem Partner zu.
Wir rollen den Ball mit beiden Händen.
Wir rollen den Ball mit der rechten Hand.
Wir rollen den Ball mit der linken Hand.
Wir geben den Anstoß mit dem linken Fuß.
Wir geben den Anstoß mit dem rechten Fuß.
Wir führen den Ball mit der Hand neben uns her und laufen gleichmäßig und leicht mit.
Wir versuchen, am Ball zu bleiben.
Wir versuchen, den Ball einmal links und einmal rechts weiterzurollen.
Wir rollen den Ball und warten, bis der Ball stillsteht. Erst dann laufen wir zu unserem Ball.

Wir stehen und rollen den Ball abwechslungsweise mit beiden Händen um die Füße herum.
Wir versuchen, zwei Bälle zu rollen und nicht zu verlieren.
Zwei Spieler gehen nebeneinander her. Die Bälle müssen möglichst genau nebeneinander her rollen.
Wir versuchen, den Ball geradeaus zu rollen.
Wir sitzen oder stehen uns im Kreis (oder in zwei Reihen) gegenüber und rollen die Bälle auf verschiedene Arten hinüber und herüber.
Wir rollen den Ball, laufen ihm nach und versuchen, ihn wieder einzufangen.
Wir rollen den Ball durch die gegrätschten Beine nach hinten durch. Dann drehen wir uns um und laufen los, um ihn wieder einzufangen.
Wir bauen eine Gasse (aus Stäben oder aus Seilen) und lassen den Ball hindurchrollen.
Wir rollen den Ball über einen Strich (Langbank).
Wir rollen den Ball um ein Hindernis (Kegel, Mitspieler) herum.
Wir versuchen, mit dem rollenden Ball ein Ziel zu treffen (Mitspieler, Kegel usw.).
Wir versuchen, über den rollenden Ball zu springen.
Alle hier angegebenen Vorschläge lassen sich variieren und weiterführen. Allerdings sollte immer auf den Schwierigkeitsgrad in bezug auf die individuelle Behinderung des einzelnen Kindes geachtet werden.

Ball weitergeben ✻ O

Spieldauer: 2 bis 5 Minuten   Spieler: 2 bis 10
Wir sitzen im Kreis und geben den Ball auf verschiedene Art weiter.
Wir stehen im Kreis und geben den Ball auf verschiedene Art weiter.
Wir geben den Ball mit beiden Händen weiter.
Wir geben den Ball mit einer Hand weiter.
Wir nehmen den Ball mit der rechten Hand auf und geben ihn mit der linken Hand weiter.
Wir geben den Ball hinter dem Rücken weiter.
Wir benutzen nur Daumen und Zeigefinger jeder Hand, um den Ball weiterzugeben.
Wir nehmen den Ball auf und müssen ein Stückchen laufen, um ihn dem nächsten Mitspieler weiterzugeben.
Wir geben den Ball unter den gespreizten Beinen hindurch weiter.
Wir geben den Ball mit den Füßen weiter.
Wir geben den Ball auf der flachen Hand weiter.
Bevor der Ball weitergegeben wird, muß er einmal auf den Boden geprellt werden.
Wir werfen den Ball einmal hoch und fangen ihn wieder auf. Dann geben wir ihn erst weiter.

Ballspringen ✻ O O

Wir lassen den Ball aufspringen und nehmen ihn wieder auf.
Wir versuchen, den springenden Ball aufzufangen.

Wir werfen uns den Ball zu. Dabei soll er einmal aufspringen, bevor er vom Partner aufgefangen wird.
Wir versuchen, unseren Ball so hoch wie möglich springen zu lassen.
Wir versuchen, unseren Ball so schnell wie möglich springen zu lassen.
Wir versuchen, unseren Ball im Stehen, im Laufen, im Sitzen und im Hocken zu prellen.
Wir versuchen, mit dem springenden Ball selbst zu springen.
Wir versuchen, uns zu drehen und dabei den Ball aufzuprellen.
Wir versuchen, unseren Ball in einem bestimmten Rhythmus springen zu lassen.
Wir versuchen, den Ball mit beiden Händen, mit der linken und mit der rechten Hand zu prellen.

Ballwerfen * O

Spieldauer: 5 bis 10 Minuten   Spieler: 1 bis 8
Wir werfen unseren Ball und schauen ihm nach.
Wir werfen so weit es geht.
Wir werfen so hoch es geht.
Wir versuchen, in eine bestimmte Richtung zu werfen.
Wir versuchen, ein Ziel mit dem Ball zu treffen. Das Ziel ist zunächst sehr groß (Wand, Tor) und kann nach und nach immer kleiner werden (Kegel usw.).
Wir werfen dem Spielpartner den Ball zu.
Wir werfen den Ball hoch und fangen ihn wieder auf.
Wir werfen mit beiden Händen.
Wir werfen mit der linken Hand.
Wir werfen mit der rechten Hand.
Wir versuchen, einen anderen liegenden Ball zu treffen.
Wir werfen den Ball durch die gegrätschten Beine hindurch.

Ballfangen * O O

Spieldauer: 5 bis 10 Minuten   Spieler: 1 bis 8
Der Spielleiter wirft uns den Ball zu. Wir versuchen, ihn mit beiden Händen, mit der linken und mit der rechten Hand zu fangen. Je stärker die körperliche Behinderung ist, um so einfacher muß der Ball zu fangen sein. Hier ist auf die Entfernung des Werfers und auf die Beschaffenheit des Balls zu achten.
Ein Spielpartner wirft uns den Ball zu. Wir müssen ihn fangen.
Wir versuchen, den Ball gegen die Wand zu prellen und dann aufzufangen.
Wir werfen den Ball in die Luft und fangen ihn auf.

Balltreten * O

Spieldauer: 5 bis 10 Minuten   Spieler: 1 bis 4
Wir stoßen den Ball vorsichtig mit dem linken (rechten) Fuß an und schauen ihm nach, wohin er rollt. Wenn er liegenbleibt, stoßen wir ihn erneut an.
Wir versuchen, den Ball möglichst weit zu treten.
Wir versuchen, den Ball so zart anzustoßen, daß er nur langsam rollt.

Wir versuchen, ein Ziel mit dem getretenen Ball zu treffen.
Wir treten dem Spielpartner den Ball zu.
Wir treten den Ball, laufen hinter ihm her und versuchen, ihn wieder einzufangen.

Ballfangen im Kreis * O O

Spieldauer: 5 bis 15 Minuten   Spieler: 4 bis 10
Wir sitzen im Kreis. Der Spielleiter wirft einem nach dem anderen einen Ball zu, der aufgefangen werden soll. Wer ihn nicht fängt, muß auf einem Bein stehen. Beim nächsten Mal muß er sich hinknien, setzen usw. Wenn er aber den Ball fängt, rückt er wieder eine Stufe nach vorn auf.

Neckball E * * O O

Spieldauer: 5 bis 10 Minuten   Spieler: 4 bis 10
Wir stehen im Kreis und halten die Arme hinter dem Rücken verschränkt. Der Spielleiter wirft einem Spieler den Ball zu. Er fängt ihn auf und wirft ihn wieder zurück. Beim nächsten Spieler tut der Spielleiter nur so, als wolle er den Ball werfen. Wenn der Spieler nun gleich die Hände nach vorn nimmt, um den vorgetäuschten Ball einzufangen, scheidet er aus. Hält er seine Hände weiterhin auf dem Rücken fest, ist er nicht auf das Necken hereingefallen und kann weiterspielen. Wer bis zuletzt übrigbleibt, hat gewonnen und darf in der nächsten Runde Spielleiter sein.

Wer hat den Ball? * * O O

Spieldauer: 5 bis 15 Minuten   Spieler: 3 bis 8
Wir stehen alle in einer Reihe nebeneinander. Ein Spieler tritt vor und dreht sich um. Er wirft den Ball über seinen Kopf hinweg gegen die Reihe. Einer fängt ihn und versteckt ihn hinter seinem Rücken. Nun halten alle die Hände hinter dem Rücken und rufen: „Eins, zwei, drei, wer hat den Ball?" Nun muß der Werfer raten, wer den Ball gefangen hat. Findet er den Richtigen, werden die Rollen getauscht. Rät er falsch, muß er noch einmal werfen.

Wächter vor der Burg * * O O O

Spieldauer: 5 bis 15 Minuten   Spieler: 4 bis 8
Wir bauen eine Burg aus Konservendosen oder Holzsteinen. Vor der Burg stehen zwei Spieler als Wächter. Die übrigen Spieler versuchen nun, mit einem weichen Ball die Burg umzuwerfen. Die Wächter sollen versuchen, den Ball aufzufangen. Wer die Burg trifft, tauscht die Rolle mit einem der Wächter.

Spring ins Töpfchen! * * O O

Spieldauer: 5 bis 15 Minuten   Spieler: 2 bis 6
Wir stellen drei verschieden große Schüsseln (Töpfe) auf. Von einer bestimmten Entfernung aus soll nun ein Ball so aufgeprellt werden, daß er in den Topf

springt. (Ein Tennisball, Tischtennisball oder Vollgummiball sorgt hier für viele unvorhergesehene Situationen.) Wer in einen Topf trifft, erhält einen Punkt oder eine kleine Belohnung.

Roll den Ball ins Ziel! *O O

Spieldauer: 5 bis 15 Minuten   Spieler: 1 bis 5
Wir stellen verschiedene Tore auf (eventuell Pappkarton mit verschiedengroßen Öffnungen). Aus einer vorher festgesetzten Entfernung soll nun der Ball in eine dieser Öffnungen (Tore) gerollt werden. Wer ein Tor trifft, erhält einen Punkt.
Variation: Verschiedene Tore ergeben unterschiedliche Punktzahl. Das schwierigste Ziel erhält die höchste Punktzahl.

Ball hochwerfen *O O

Spieldauer: 2 bis 5 Minuten   Spieler: 2 bis 4
Der Spielleiter wirft den Ball hoch in die Luft. Dabei ruft er den Namen eines Mitspielers, der den Ball fangen muß. Wenn es ihm gelingt, darf er in der nächsten Runde Spielleiter sein.

Klatschball **O O

Spieldauer: 5 bis 10 Minuten   Spieler: 2 bis 10
Wir bilden einen möglichst großen Kreis, in dessen Mitte der Spielleiter steht. Der Spielleiter ruft nun den Namen eines Mitspielers auf und wirft ihm den Ball zu. Dieser Mitspieler aber muß, bevor er den Ball auffängt, zuerst einmal in die Hände klatschen, so daß es deutlich zu hören ist. Dann wirft er den Ball zu dem Spielleiter zurück. Wenn aber vergessen wird, vorher in die Hände zu klatschen oder wenn der Ball fallen gelassen wird, muß sich der betreffende Mitspieler auf den Boden setzen. Wer bis zuletzt immer richtig klatscht und fängt, kommt in der nächsten Runde als Werfer in die Kreismitte.

Ballhaschen **O O O

Spieldauer: 5 bis 10 Minuten   Spieler: 4 bis 10
Wir bilden einen größeren Kreis um einen Mitspieler. Nun wird der Ball kreuz und quer durch den Kreis gerollt. Das Kind in der Mitte muß ständig versuchen, den Ball zu haschen oder wenigstens zu berühren. Wenn ihm das gelingt, darf es den Platz mit dem Spieler tauschen, der zuletzt den Ball gerollt hat.
Variation: Der Ball wird nicht gerollt sondern geworfen.
Variation: Statt des Balles wird mit einfachen Gummireifen geworfen.

Ballrollen *O

Spieldauer: 5 bis 10 Minuten   Spieler: 2 bis 10
Wir lassen den Ball nacheinander einen Abhang herunterrollen. Wer den Ball am weitesten rollen läßt, ist Sieger.

Ballschule ∗ O

Spieldauer: 5 bis 10 Minuten   Spieler: 2 bis 6

Wir stehen im Kreis. Der Spielleiter stellt den Lehrer dar. Alle Spieler haben einen Ball in der Hand. Diese Bälle sind die Schüler. Sie sollen nun fliegen hüpfen rollen usw. lernen. Der Lehrer macht die Übungen vor, die von den Spielern der Reihe nach nachgemacht werden: z. B. Ball hochwerfen und fangen, Ball rollen, Ball von einer Hand zur anderen wechseln, Ball weitergeben. Die Übungen lassen sich je nach Schwierigkeitsgrad und individueller Behinderung variieren. Nach einer Weile darf der Spieler, dessen Ball der aufmerksamste Schüler war, mit dem Lehrer die Rolle tauschen.

Erst kommt das Bällchen zu mir ∗ O

Spieldauer: 5 bis 10 Minuten   Spieler: 2 bis 6

Eines der schönsten und einfachsten Ballspiele hat Friedrich Fröbel aufgezeichnet. Dieses Spiel läßt sich auch schon mit sehr stark behinderten Kindern spielen und macht wegen des kleinen Reims ganz besondere Freude, so daß es immer wiederholt werden muß:
Erst kommt das Bällchen zu mir.
Dann kommt das Bällchen zu Dir.
Zu Dir — zu mir — zu Dir — zu mir — zu Dir.
Es wechselt den Ort
In einem fort
Auf unser Wort.

Ins Tor rollen ∗ O

Spieldauer: 5 bis 10 Minuten   Spieler: 2 bis 8

Die Spieler sitzen im Kreis mit gespreizten Beinen. Der Ball wird nun in die Tore gerollt. Wer den Ball im Tor hat, rollt ihn weiter zu einem anderen Tor.

Spielen mit allen Sinnen

Hier sollen alle Sinne eingesetzt werden. Das bedeutet, daß auch der rhythmischen Erziehung in diesem Bereich ein ganz besonderer Platz zukommt.
Im Bewegungsspiel geht es um folgende Spielanregungen:
1. Spielen mit allen Sinnen (Sehen, Horchen, Tasten, Riechen, Schmecken usw.).
2. Behutsamkeit und Selbstbeherrschung soll im Spiel erfahren werden.
3. Körperliche Ausgeglichenheit soll durch das Spiel erreicht werden (Rhythmisch-musisches Spiel).

Sehspiele

Was wurde weggenommen? * O

Spieldauer: 5 bis 20 Minuten   Spieler: 2 bis 15
Alle schließen die Augen. Der Spielleiter nimmt einen auffälligen Gegenstand weg. Alle raten, was er weggenommen hat.
Wer es errät, darf den nächsten Gegenstand verstecken.

Zwei Dinge wechseln ihren Platz ** O

Spieldauer: 5 bis 20 Minuten   Spieler: 2 bis 15
Wir schließen die Augen. Der Spielleiter läßt zwei Gegenstände ihren Platz wechseln. Wer die Gegenstände benennen bzw. zeigen kann, darf die gleichen oder andere Gegenstände in der nächsten Spielrunde verstecken.

Plätze wechseln * O O

Spieldauer: 5 bis 10 Minuten   Spieler: 4 bis 15
Wir schließen die Augen. Zwei Spieler wechseln auf Geheiß des Spielleiters ihren Platz. Wir raten, wer den Platz gewechselt hat.

Schatzsuche ** O O

Spieldauer: 5 bis 20 Minuten   Spieler: 2 bis 15
Wir sagen: Ein Gegenstand ist unser Schatz. Nun schließen wir alle die Augen. Der Spielleiter versteckt den Schatz. Alle suchen. Wer zuerst den Schatz gefunden hat, darf ihn erneut verstecken.
Dieses Spiel läßt sich durch Einsetzen des Hörens variieren. Wenn man ganz nahe am Schatz ist, sagt der Spielleiter: „heiß!". Wenn man sehr entfernt ist, ruft er: „kalt!". ** O O
Der Spielleiter kann auch auf einem Instrument laut und leise spielen, auch

57

hohe und tiefe Töne gegenübersetzen, um damit die Nähe zum Schatz zu kennzeichnen. ✳︎✳︎✳︎○○

Lustig ist es auch, wenn alle den Schatz verstecken, und einer suchen muß. Sie geben dann dem suchenden Kind vorsichtige Hinweise. Wenn der Schatz gefunden ist, darf ein anderes Kind suchen. ✳︎✳︎✳︎○○○

Um hierbei den Hörsinn zusätzlich einzusetzen, läßt der Spielleiter von den übrigen Kindern ein Lied singen, das er durch sein Dirigieren lauter (in der Nähe des Schatzes) und leiser (wenn der Schatz entfernt ist) oder schnell und langsam singen läßt. ✳︎✳︎✳︎○○○

Stärker behinderte Kinder finden sich leichter zurecht, wenn in der Nähe des Schatzes ein anderes Lied gesungen wird. ✳︎✳︎○○○

Manchmal gelingt es sogar, den Spielleiter zu tauschen und ein behindertes Kind selbst den Spielleiter spielen zu lassen. ✳︎✳︎✳︎○○○

Kleider anziehen ✳︎✳︎○

Spieldauer: 5 bis 20 Minuten   Spieler: 4 bis 15
Wir schließen die Augen. Ein Kind zieht auf Geheiß des Spielleiters ein Kleidungsstück aus oder ein zusätzliches an. Wir öffnen die Augen und raten, was aus- oder angezogen wurde.

Einer zieht etwas anderes an ✳︎○

Spieldauer: 5 Minuten   Spieler: 2 bis 15
Der Spielleiter zieht ein Kleidungsstück an oder aus. Wir raten, wenn wir die Augen wieder geöffnet haben, was verändert wurde.

Kleider tauschen ✳︎✳︎○○

Spieldauer: 5 bis 20 Minuten   Spieler: 4 bis 15
Wir schließen die Augen. Zwei Spieler tauschen auf Geheiß des Spielleiters ein Kleidungsstück aus. Nun muß geraten werden, welche Kinder getauscht haben und welches Kleidungsstück seinen Besitzer gewechselt hat.
Es ist auch lustig, wenn immer nur ein Kind raten muß, was vertauscht wurde. Es hat sich umgedreht oder den Raum für kurze Zeit verlassen. In dieser Zeit hat die Spielgruppe ausgemacht, was vertauscht werden sollte. ✳︎✳︎✳︎○○
Man sollte das Spiel so lange spielen, bis jeder einmal an der Reihe war.

Ich sehe etwas, was du nicht siehst ✳︎✳︎○

Spieldauer: 5 bis 20 Minuten   Spieler: 2 bis 15
Der Spielleiter sucht sich einen Gegenstand im Zimmer (beispielsweise einen roten Ball, die braune Tür, ein rotes Kleid) aus und sagt: „Ich sehe etwas, was du nicht siehst. Es ist rot!"
Nun dürfen alle reihum (oder durcheinander) raten, was der Spielleiter sieht. Wer es erraten hat, darf als nächster einen Gegenstand erraten lassen.

Das Spiel eignet sich besonders für das erste Benennen einzelner Farben. Allerdings ist darauf zu achten, daß zunächst nur reine Farben und diese in einer kleinen Auswahl geraten werden sollen.

Beim geistig behinderten Kind reicht zunächst nur die Aufforderung: „Ich sehe etwas, das ist rot!". Wer den ersten roten Gegenstand benennt, darf als nächster Spielleiter sein.

Man kann auch ganz von Farben absehen und folgende Eigenschaften raten lassen:

>Ich sehe etwas, das ist aus Holz.
>Ich sehe etwas, das ist aus Glas.
>Ich sehe etwas, das ist weich.
>Ich sehe etwas, das ist hart.
>Ich sehe einen, der hat Hosen an.
>Ich sehe einen, der hat einen Scheitel.
>Ich sehe einen Ring.
>Ich sehe eine Fliege.

Damit werden kleine Wortübungen gleichzeitig im Spiel durchgeführt.

Was ist versteckt? * O

Spieldauer: 5 bis 20 Minuten   Spieler: 2 bis 15

Auf dem Tisch liegen einige Gegenstände (Ball, Puppe, Auto, Bilderbuch, Baustein). Je stärker die geistige Behinderung der Spieler ist, um so weniger Dinge dürfen auf dem Tisch liegen.

Nun wird ein Tuch oder ein Kasten über die Gegenstände gelegt. Es ist nichts mehr zu sehen. Der Spielleiter fragt, welche Dinge nun versteckt sind. Alle raten. Wer sämtliche Gegenstände (oder die meisten Gegenstände) erraten hat, darf nun andere Gegenstände verstecken.

Um auch geistig behinderte Kinder dieses reizvolle Spiel spielen zu lassen, läßt man sie selbst die Gegenstände auf den Tisch legen. Körperbehinderte Kinder sollten selbst das Tuch oder den Kasten über die Dinge legen. Es erhöht die Spielfreude, wenn der Spieler immer die Dinge in die Hand bekommt, die er erraten hat. ** O

Je leistungsfähiger die Spielgruppe ist, um so mehr Dinge lassen sich verstecken. *** O

Zweimal der gleiche Gegenstand * O

Spieldauer: 5 bis 15 Minuten   Spieler: 2 bis 8

In einer Schachtel befinden sich je zwei gleiche Gegenstände. Die Spieler sollen jeweils ein Paar, das sich genau gleich ist, zusammensuchen.

Das Spiel wird immer schwieriger, je geringer die Unterscheidungsmöglichkeiten sind.

Zu dem Spiel eignen sich farbige Legestäbchen, Holz- und Plastiktiere, Spielautos, Knöpfe, Steine, Püppchen, Handschuhe usw.

Laternchen anzünden * O

Spieldauer: 5 bis 10 Minuten   Spieler: 2 bis 8

Farbige Steine oder Dosen stellen bunte Laternen dar. Wenn der Spielleiter sagt: „Wir zünden die roten Laternen an!", sollen alle roten „Laternen" hochgehalten werden. Dann werden blaue, gelbe und grüne Laternen gesucht und „angezündet".

Augen auf! E * O O

Spieldauer: 5 bis 10 Minuten   Spieler: 4 bis 10

Wir sitzen im Kreis. Peter darf bei der Spielplanung nicht anwesend sein. Wir wählen uns einen Anführer, der uns alle möglichen Bewegungen vorspielt, der alle möglichen Grimassen schneidet (Nase putzen, aufstehen, kämmen, kratzen usw.). Alle Spieler ahmen die Bewegungen und Grimassen nach. Nun wird Peter hereingerufen. Er soll erraten, wer der Anführer ist. Hat er den Anführer entdeckt, muß dieser selbst vor die Tür, und ein anderer wird zum neuen Anführer gewählt, dem wir nun alle Bewegungen und Grimassen nachahmen.

Wer findet die Grube? E * O O

Spieldauer: 5 bis 15 Minuten   Spieler: 2 bis 6

Wir stehen auf der Wiese und halten die Augen geschlossen. Der Spielleiter schneidet mit seinem Taschenmesser (Spaten) ein kegelförmiges Stück aus dem Rasen heraus. Dann drückt er es wieder leicht in den Boden hinein. Nun müssen alle über den Rasen kriechen und an den Gräsern zupfen, bis einer die Grube gefunden hat. Er darf nun in der nächsten Runde die anderen nach einer neuen Grube suchen lassen.

Tastspiele

Das Kofferspiel * O

Spieldauer: 5 bis 15 Minuten   Spieler: 2 bis 6
(richtet sich nach Spielerzahl)

Der Spielleiter bringt einen Koffer. Nun sollen aus diesem Koffer mit verbundenen Augen einzelne Dinge herausgenommen werden. Durch Tasten soll erraten werden, um welche Dinge es sich handelt.
Es ist darauf zu achten, daß sich die einzelnen Gegenstände durch spezifische Gegebenheiten wesentlich unterscheiden, z. B. Holz (Baustein, Brett), Stoff (Stofftier, Puppe), Plastik (Puppe, Tier), aber auch Kastanie, Apfel, Tannenzapfen.
In diesem Spiel wird neben dem Tasten auch noch das Benennen und damit die Sprache eingesetzt.
Es empfiehlt sich, dieses Spiel zunächst nur mit sehr wenigen und bekannten Gegenständen zu spielen. Nach und nach können auch differenziertere Gegenstände aus dem Koffer erraten werden.

Was ist im Koffer? ∗∗○○

Spieldauer: 2 bis 15 Minuten   Spieler: 2 bis 8
Der Spielleiter zaubert nur einen Gegenstand in den Koffer hinein. Nun darf jeder unter den Kofferdeckel fassen und ertasten, um welchen Gegenstand es sich handelt. Hat er den richtigen Gegenstand erraten, darf er Spielleiter sein. Er darf sich sogar den Gegenstand selbst auswählen, den er in dem Koffer verstecken möchte.

Mit den Händen angeln ∗∗○○

Spieldauer: 5 bis 15 Minuten   Spieler: 2 bis 6
Auf dem Tisch liegen verschiedene Gegenstände mit typischen Formen (z. B. Buch, Ball, Würfel, Pilz, Schuh, Topf). Einer muß nun mit verbundenen Augen nach den Gegenständen mit seinen Händen „angeln". Wenn er alle Gegenstände aufgenommen hat, ist der nächste Spieler an der Reihe.
Das Spiel läßt sich variieren, wenn der Spieler mit verbundenen Augen einen Gegenstand nach dem anderen „angeln" und auch benennen soll.   ∗○○
Mit einem Spazierstock oder mit einem Stock, an dem eine Drahtschlinge befestigt ist, lassen sich die einzelnen Gegenstände auch „angeln", allerdings fällt das Raten hier schwerer, da die künstliche „Angel" gleichzeitig eine zusätzliche Behinderung darstellt.   ∗∗○○
Die Angelspiele, die sich auf dem Spielmarkt befinden und meistens mit magnetischen Angeln ausgerüstet sind, sind mit großem Erfolg bei geistig behinderten Kindern einzusetzen, weniger gut bei körperlich behinderten Kindern, weil die vorliegenden Ausführungen alle zu klein sind, um mit einer Behinderung richtig bewältigt zu werden. Hier können schnell Unlustgefühle entstehen, wenn trotz konzentrierter Anstrengung kein Erfolg erreicht wird.   ∗∗○○○

Blindes Bauen ∗∗○○○

Spieldauer: 2 bis 15 Minuten   Spieler: 2 bis 6
Einer bekommt vom Spielleiter die Augen verbunden. Aus einigen Klötzchen soll er nun ein Haus bauen. Dann ist der nächste Spieler an der Reihe.
Anschließend stellt sich jeder hinter das Haus, das er blind gebaut hat. Wir wägen nun gemeinsam ab, welches Haus am lustigsten aussieht.

Blinde Kuh E∗∗○○

Spieldauer: 2 bis 10 Minuten   Spieler: 4 bis 8
Einem Spieler werden die Augen verbunden. Er muß nun versuchen, einen der übrigen Spieler zu fangen. Dann muß er seine Haare, sein Gesicht und seine Kleider berühren, um festzustellen, wen er gefangen hat. Errät er es richtig, muß der andere die blinde Kuh sein.
Variation: Wenn der blinde Spieler einen gefangen hat, werden sofort die Rollen gewechselt.

Seltsame Hindernisse   E * * O O

Spieldauer: 2 bis 5 Minuten   Spieler: 2 bis 4
Einer soll mit verbundenen Augen an der Hand eines Führers über verschiedene Hindernisse steigen, die er sich vorher genau angesehen hat. Er darf auch zunächst mit offenen Augen den Weg versuchen. Als Hindernisse können Bücher, kleine Kästen, Reifen und Bretter verwendet werden. Nun muß sich der blinde Spieler bemühen, möglichst wenig anzustoßen. Wer am sichersten die Hindernisse übergeht, bekommt einen Punkt.
Ein besonderer Gag: Dem letzten Spieler werden die Augen verbunden. Bevor er sich aber auf den Weg macht, werden still und heimlich sämtliche Hindernisse aus dem Weg geräumt. Nun müht er sich zur Freude aller ab, die Hindernisse zu überwinden, die längst nicht mehr bestehen.

Topfschlagen   E * O O

Spieldauer: 5 bis 10 Minuten   Spieler: 2 bis 10
Einem Spieler werden die Augen verbunden. Er soll nun auf einen etwa 2—3 Meter (richtet sich nach der einzelnen Behinderung) entfernten Topf zulaufen (kriechen) und mit der flachen Hand auf ihn schlagen. Wenn er ihn trifft, darf er eine kleine Belohnung unter dem Topf herausholen. Als Neckspiel läßt sich das Topfschlagen verwenden, wenn man beim letzten Spiel unbemerkt den Topf mit einer Schüssel voll Wasser vertauscht.

Der blinde Metzger   E * O O

Spieldauer: 3 bis 5 Minuten   Spieler: 2 bis 8
Der Spielleiter befestigt eine Wurst an einer Schnur. Nun bekommt ein Spieler die Augen verbunden. Mit einer Schere soll er die Wurst in einer angegebenen Zeit abschneiden. (Vorsicht bei der Verwendung der Schere!)

Horchspiele

Bei allen hier aufgeführten Spielen muß die Spielgruppe recht klein sein, da das geringste Geräusch die anderen stören kann.

Was passiert hinter meinem Rücken?   * * O

Spieldauer: 2 bis 10 Minuten   Spieler: 2 bis 6
Einer steht mit dem Gesicht zur Wand und muß raten, welche Geräusche wir hinter seinem Rücken hervorbringen. Wir husten und schmatzen, schnippen mit den Fingern, öffnen das Fenster oder lassen gar eine Hupe ertönen. Sehr schwer ist es zu erkennen, wenn ein Bleistift gespitzt oder wenn in einem Buch geblättert wird.
Wer ein oder zwei Geräusche richtig errät, wird von einem anderen Spieler abgelöst.

Hören und Raten   E * * * O

Spieldauer: 2 bis 10 Minuten   Spieler: 2 bis 6

Der Spielleiter hat einzelne Geräusche auf einem Tonband festgehalten und läßt sie nun abspielen. Jedes Geräusch wird zweimal angeboten. Alle dürfen raten. Anschließend fabrizieren wir selbst Geräusche, die auf dem Tonband festgehalten werden. Nun sollen andere raten.

Als typische Geräusche, die relativ einfach zu erkennen sind, bieten sich an:
Schreiben auf der Schreibmaschine
Eine Nummer auf dem Telefon wählen
Das Telefon läutet
Es schellt an der Haustür
Die Kaffeemühle läuft
Der Staubsauger wird ein- und ausgestellt
Jemand hustet
Die Nase wird geputzt
Die Zähne werden geputzt
Ein Wasserhahn wird auf- und abgedreht
Flüssigkeit wird in eine Tasse oder ein Glas geschüttet
Jemand trinkt
Jemand ißt und schmatzt dabei
Ein Auto hupt
Eine Melodie auf einer Spieluhr
Jemand schnarcht
Jemand schnalzt mit den Fingern
Es wird gehämmert
Es wird geklatscht
Der Spielleiter zündet ein Streichholz an
Auf der Nähmaschine wird genäht

Liederraten   * * O

Spieldauer: 2 bis 10 Minuten   Spieler: 2 bis 6

Der Spielleiter spielt bekannte Lieder auf einem Instrument. Alle raten, wie die Melodie heißt. Wer es richtig rät, darf das Lied singen.
Auch dieses Spiel kann mit einem Tonband vorbereitet werden. Allerdings ist darauf zu achten, daß die Ausführung der Melodie sehr einfach ist, da sie sonst beim Raten Schwierigkeiten bereiten kann.

Wer kennt die Lieder?   E * * O

Spieldauer: 2 bis 10 Minuten   Spieler: 2 bis 6

Einige Melodien werden in einem Potpourri kurz angespielt. Wer anschließend die meisten Melodien richtig benennen kann, hat gewonnen. Es ist hierbei besonders darauf zu achten, daß die Auswahl und die Anzahl der vorgestellten Melodien dem geistigen Auffassungsvermögen der Spielgruppe entspricht. Bei geistig behinderten Kindern wird das Spiel schon mit Erfolg gespielt, wenn zwei

Melodien vorgeführt und dann richtig erkannt werden. Nach einer kleinen Pause kann man dann zwei weitere Melodien vorstellen.
Auch hier läßt sich das Tonband sinnvoll einsetzen. Schallplatten eignen sich weniger, weil sie meist technisch so vollkommen sind, daß die Instrumentierung einzelner Titel nicht immer dem Auffassungsvermögen einzelner behinderter Kinder entspricht.

Nicht berühren! ✳✳○○

Spieldauer: 5 bis 10 Minuten   Spieler: 3 bis 8
Die Spieler sitzen im Kreis. Einem Kind werden die Augen verbunden. Es muß sich nun „blind" im Kreis bewegen. Kommt es einem anderen Spieler zu nahe, klatscht er in die Hände und warnt das „blinde" Kind. Wenn das „blinde" Kind einen anderen Spieler berührt, wird die Rolle getauscht.

Hänschen, piep mal! ✳✳✳○○○

Spieldauer: 5 bis 10 Minuten   Spieler: 3 bis 8
Die Spieler sitzen im Kreis. Einem Kind werden die Augen verbunden. Es geht im Kreis herum und versucht, einen Spieler an seiner Stimme zu erkennen. Jeder Spieler wartet darauf, daß das „blinde" Kind auf ihn zukommt. Das „blinde" Kind ruft: „Hänschen, piep mal!" Darauf „piept" der betreffende Spieler. Wird er an seiner Stimme erkannt, muß er mit dem „blinden" Kind die Rolle tauschen. Wird er nicht erkannt, muß weiter gepiept und geraten werden.
Variante: Wir sitzen im Kreis. Einem Spieler werden die Augen verbunden. Der Spielleiter führt ihn zu einem Mitspieler hin. Der Spieler setzt sich ihm auf den Schoß (eventuell Kissen auf dem Schoß) und ruft: „Hänschen, piep mal".
Wenn er den Namen des piepsenden Mitspielers raten kann, werden die Rollen getauscht. Gelingt es ihm nicht, muß er bei anderen Mitspielern weiterraten.
E✳O

Peter, komm! ✳○○○

Spieldauer: 2 bis 10 Minuten   Spieler: 4 bis 8
Die Spieler sitzen im Kreis. Alle halten ihre Augen geschlossen. Der Spielleiter ruft ganz leise ein Kind mit Namen. Das betreffende Kind steht auf und kommt so leise wie möglich auf den Spielleiter zu. Wer laut ist, muß sich wieder hinsetzen und so lange warten, bis der Spielleiter wieder seinen Namen ruft.

Wer ist herumgelaufen? ✳✳○○○

Spieldauer: 2 bis 10 Minuten   Spieler: 4 bis 8
Die Spieler sitzen mit geschlossenen Augen im Kreis. Der Spielleiter geht leise um den Kreis herum. Er stößt ein Kind an. Das Kind steht leise auf und geht ganz vorsichtig im Kreis herum. Dann setzt es sich wieder auf seinen Platz. Nun dürfen alle raten, welches Kind im Kreis herumgelaufen ist.

Plätze tauschen ✳✳✳○○○

Spieldauer: 2 bis 10 Minuten   Spieler: 2 bis 8

Alle Spieler sitzen mit geschlossenen Augen im Kreis. Der Spielleiter stößt zwei Kinder an. Sie tauschen so leise wie möglich die Plätze. Dann darf geraten werden, wer nun an einem anderen Platz sitzt.

Aufgepaßt! ✳✳○○○

Spieldauer: 2 bis 10 Minuten   Spieler: 2 bis 8

Die Spieler laufen im Kreis. Auf ein Zeichen (Klatschen, Pfeifen, Schnalzen) des Spielleiters setzen sie sich auf die Erde. Wenn er wieder ein Zeichen gibt, darf man wieder aufstehen und weiterlaufen.
Auf bestimmte Zeichen kann man auch rückwärts laufen, hinken, auf allen Vieren gehen usw. Allerdings sollten nicht zu viele verschiedene Zeichen in einem Spiel gebraucht werden, da leicht eine Überforderung eintreten kann. ✳✳○○○
Auch das Laufen nach den Klängen eines Musikinstruments macht Spaß. Wenn die Melodie langsam gespielt wird, richten sich die Spieler in ihrem Lauftempo danach. Wenn die Melodie schnell gespielt wird, laufen auch die Spieler schneller. Wenn plötzlich die Musik abbricht, lassen sich alle auf den Boden fallen.

✳✳✳○○○

Wer klopft an deine Tür? E✳○

Spieldauer: 2 bis 5 Minuten   Spieler: 4 bis 8

Wir stehen im Kreis, das Gesicht zur Mitte. Einem Spieler werden die Augen verbunden. Er stellt sich mitten in den Kreis. Nun darf ein Spieler in den Kreis zu dem „Blinden" gehen. Er tippt ihm auf die Schulter und fragt: „Wer klopft an deine Tür?" Der Blinde muß versuchen, den Sprecher an der Stimme zu erkennen. Wenn ihm das gelingt, wird er von dem, der an seine Tür geklopft hat, abgelöst.
Noch reizvoller wird das Spiel, wenn die einzelnen Spieler ihre Stimmen verstellen und es dadurch dem Ratenden immer schwerer machen.

Blinde Kuh E✳○○

Spieldauer: 2 bis 10 Minuten   Spieler: 4 bis 8

Das Spiel wurde bereits unter Tastspielen aufgeführt. Es eignet sich auch als Horchspiel für behinderte Kinder, wenn darauf geachtet wird, daß die Spielgruppe nicht zu groß ist. Es ist auch darauf zu achten, daß keine Hindernisse im Weg liegen.
Einem Spieler werden die Augen verbunden. Er muß versuchen, auf die Schritte der anderen zu horchen, um einen zu fangen. Wer gefangen ist, muß ihn ablösen.

Jakob, wo bist du? E✳OO

Spieldauer: 2 bis 10 Minuten   Spieler: 4 bis 8

Wir stehen in einem weiten Kreis um zwei Spieler herum, denen beiden die Augen verbunden wurden. Der eine stellt den Jakob dar, der andere den Peter. Nun ruft Peter: „Jakob, wo bist du?"
Gleich muß Jakob antworten: „Hier!"
Jetzt tappt der Peter in die Richtung, aus der Jakobs Stimme kommt und muß versuchen, ihn einzufangen. Wenn es ihm nicht gelingt, muß er so lange rufen, bis er den Jakob wirklich erwischt. Dann ist der Jakob dran und ruft: „Peter, wo bist du?" Wenn beide sich gegenseitig gefangen haben, dürfen andere Spieler Jakob und Peter sein.

Wer hört gut? E✳O

Spieldauer: 2 bis 5 Minuten   Spieler: 2 bis 8

Die Spieler wenden einem Tisch ihren Rücken zu. Der Spielleiter läßt auf die Tischfläche verschiedene Gegenstände fallen, die vorher nicht gezeigt wurden. Nun müssen die Spieler raten, um welche Gegenstände es sich handelt. Dabei müssen sie versuchen, die Geräusche zu identifizieren, die beispielsweise Messer, Bleistift, Schere, Gummi, Nägel, Buch, Münze, Schwamm, Eisen, Kamm, Tennisball beim Herunterfallen auf die Tischplatte verursachen. Wer die meisten Geräusche errät, hat gewonnen.
Das Spiel läßt sich oft wiederholen.

Pfeifchen suchen E✳OO

Spieldauer: 5 bis 10 Minuten   Spieler: 4 bis 10

Wir stehen im Kreis um einen Mitspieler und um den Spielleiter herum. Der Spielleiter stellt die Aufgabe: „Suche das Pfeifchen!"
Nun geben wir hinter unserem Rücken das Pfeifchen möglichst von dem suchenden Mitspieler unbemerkt weiter. Manchmal pfeift einer darauf. Er muß sich aber dann sehr beeilen, das Pfeifchen weiterzugeben. Sonst wird er nämlich von dem suchenden Spieler erwischt und muß nun selbst das Pfeifchen suchen.
Variation: Der Spielleiter nimmt die Pfeife selbst in die Hand und läßt an verschiedenen Stellen des Kreises darauf pfeifen.
Variation: Das Pfeifchen wird heimlich auf dem Rücken des suchenden Mitspielers festgebunden. Er wundert sich, daß er trotz aller Mühe das Pfeifchen oder den Pfeifer nicht erwischen kann.

Schmeck- und Riechspiele

Das Riechspiel ✶✶ O

Spieldauer: 2 bis 10 Minuten Spieler: 2 bis 6
Einem Spieler werden die Augen verbunden. Der Spielleiter hält ihm eine Frucht vor die Nase. Nun darf der Spieler zunächst riechen, um welche Frucht es sich handelt. Wenn er es noch nicht rät, darf er hineinbeißen. Wenn er dann die Frucht (Apfel, Birne, Pfirsich, Pflaume, Erdbeere usw.) errät, darf er dem nächsten Spieler die Augen verbinden und eine Frucht auswählen.

Was riecht so fein? ✶✶ O

Auch verschiedene Wurstsorten oder Süßigkeiten können in dieser Art erraten werden.

Riechen und Raten ✶✶ O

Spieldauer: 2 bis 5 Minuten Spieler: 2 bis 6
Mit verbundenen Augen soll gerochen werden, was sich in einzelnen Gefäßen befindet, z. B. Limonade, Wasser, Parfum usw.

Orientierungsspiele

Es ist darauf zu achten, daß die Größe der Spielgruppe sich hier besonders nach dem Behinderungsgrad der einzelnen Spieler richten muß. Beispielsweise muß die Spielgruppe körperbehinderter Kinder bei solchen Spielen sehr klein sein.

Wir sind alle Autos ✶ O O O

Spieldauer: 5 bis 10 Minuten Spieler: 2 bis 6
Wir laufen im Kreis und stellen Autos dar. Jeder lenkt mit einem imaginären Lenkrad. Wir müssen so gut aufeinander achten, daß wir bei aller Freizügigkeit unserer Bewegungen nicht mit den anderen zusammenstoßen.
Der Spielleiter ist Verkehrspolizist. Wenn er die Hand hebt, müssen alle Autos anhalten.

Blindenführen ✶✶ O O O

Spieldauer: 5 bis 8 Minuten Spieler: 2 bis 4
Ein Kind bekommt die Augen verbunden. Ein zweites Kind führt es langsam und vorsichtig durch den Raum. Es muß so führen, daß das „blinde" Kind nicht anstößt. Das bedeutet, daß die Partner aufeinander genau achten, daß sie sich gegenseitig vertrauen, daß einer dem anderen hilft.
Nach einer Weile werden die Rollen getauscht. Jetzt bekommt der andere Spieler die Augen verbunden.

Reizvoll ist es auch, wenn zwei Kinder ein Kind führen, dem die Augen verbunden sind. Doch hier ist das gegenseitige Achten auf den anderen noch weit schwieriger. ✳✳ O O O

Starten und Landen ✳✳ O O O

Spieldauer: 5 bis 10 Minuten   Spieler: 2 bis 6

Wir laufen im Kreis und stellen Flugzeuge (Vögel) dar. Wir laufen mit ausgebreiteten Armen und versuchen, andere Mitspieler nicht anzustoßen. Auf ein Zeichen des Spielleiters landen wir alle auf dem Flugplatz. Wir ruhen uns aus, um dann wieder neu starten zu können.

Ich verzaubere euch! ✳✳ O O O

Spieldauer: 5 bis 10 Minuten   Spieler: 2 bis 8

Der Spielleiter ist der Zauberer. Er verzaubert alle Mitspieler. Er ruft: „Ich verzaubere euch in Autos!" Dann stellen alle Autos dar und sausen durch den Raum. Wenn der „Zauberer" die Hand hochhält, will er einen neuen Zauberspruch sprechen. Dann halten alle an. Der neue Zauberspruch heißt: „Ich verzaubere euch in Schmetterlinge".

Dieses Spiel macht viel Freude und läßt sich beliebig lang fortsetzen. So kann der „Zauberer" alle möglichen Zaubersprüche aussprechen, beispielsweise Verzauberungen in Flugzeuge, in Störche, in Elefanten, in Frösche, in Schnecken, in Holzfäller, in Hampelmänner usw.

Reitturnier ✳✳ O O O

Spieldauer: 5 bis 10 Minuten   Spieler: 2 bis 6

Die Spieler stellen Pferde dar. Sie dürfen im Kreis laufen und über ihnen angepaßte Hindernisse springen. Nur einander anstoßen ist nicht erlaubt.

Wer kommt mit? ✳✳✳ O O O

Spieldauer: 5 bis 10 Minuten   Spieler: 4 bis 8

Alle Kinder sitzen im Kreis. Nur ein Kind läuft um den Kreis herum. Dieses Kind stößt mit der Hand ein sitzendes Kind an. Das läuft los und stößt ein anderes Kind an. Bald laufen alle.

Es genügt auch bei geistig behinderten Kindern oft, wenn nur ein Kind läuft. Es stößt ein anderes Kind an und setzt sich auf dessen Platz. Nun kommt ein Kind nach dem anderen an die Reihe. ✳ O O

Hindernisse ✳ O O

Spieldauer: 5 bis 10 Minuten   Spieler: 2 bis 6

Wir bauen winzige Hindernisse aus Bauklötzen, Reifen, Würfeln und Matten und bemühen uns, richtig über sie wegzusteigen, ohne sie zu berühren. Wer es schnell und ohne Fehler vollbringt, hat gewonnen.

Der Spielleiter kann auch einen Spieler, dem die Augen verbunden sind, über die Hindernisse führen. ✳ O O

Besonders reizvoll wird das Spiel, wenn ein behindertes Kind den Spielleiter sicher über die Hindernisse führen muß. ✳✳ O O O

Geschicklichkeitsspiele

Turmbauen ✳ O O

Spieldauer: 5 bis 10 Minuten   Spieler: 2 bis 6

Wir bauen mit Bausteinen einen hohen Turm. Jeder kommt einmal an die Reihe. Bei wem fällt der Turm um? Wer schafft es noch höher? Als reizvolle Variation können zwei Kinder (hier muß der Spielleiter sorgsam nach gleicher körperlicher Ausgangsposition schauen) im Wettkampf den höchsten Turm bauen. Auf alle Fälle muß dieser Wettkampf noch einmal wiederholt werden.

Packesel E ✳✳ O O O

Spieldauer: 5 bis 20 Minuten   Spieler: 2 bis 4

Auf einen Holz-Packesel werden Hölzer gelegt. Jeder kommt einmal dran. Wenn alle ihr Holz richtig aufgelegt haben, beginnt die nächste Runde. Vorsicht, damit nicht alle beim Auflegen herunterfallen. Wer die Hölzer zum Herunterfallen bringt, hat verloren. Erfahrungsgemäß wollen die Spieler den Packesel immer wieder beladen.

Variationen hierzu bietet das „Storchennest" (hier werden in einem „Nest" — einer kleinen runden Platte — in ähnlicher Weise Hölzer in der Größe von Streichhölzern gestapelt), und das „Kartenhäuschen" (Spielkarten werden ungeordnet übereinander aufgeschichtet. Oben darauf baut der Spielleiter durch Gegenüberstellen von zwei Spielkarten ein „Kartenhäuschen". Nun darf jeder der Reihe nach eine Karte aus dem Stapel herausziehen, muß aber darauf achten, daß das „Kartenhäuschen" nicht umfällt.) E ✳✳ O O O

Zielwerfen E ✳ O O

Spieldauer: 5 bis 15 Minuten   Spieler: 2 bis 6

Der Spielleiter stellt einen Stab auf. Nun müssen der Reihe nach Gummiringe über diesen Stab geworfen werden. Wer den Stab richtig trifft, erhält einen Punkt.

Ringwurfspiele sind in großer Auswahl und verschiedener Qualität im Spielwarenhandel erhältlich. Es ist besonders darauf zu achten, daß für das Spiel mit behinderten Kindern große Ringe und gut treffbare Stäbe benutzt werden. Erfahrungsgemäß müssen hier die Spieler recht nahe an das Ziel treten. Erst nach und nach sind weitere Entfernungen möglich.

Büchsenwerfen E✳OO

Spieldauer: 5 bis 15 Minuten   Spieler: 2 bis 6

6 Büchsen, die bunt beklebt sind, werden in Pyramidenform übereinandergestellt. Mit bunten kleinen Sandsäckchen sollen nun die Büchsen umgeworfen werden. Wer die meisten Büchsen mit zwei oder drei Würfen umwirft, hat gewonnen.

Flipper E✳✳OO

Spieldauer: 5 bis 10 Minuten   Spieler: 1 bis 2

Im Flipper-Spiel muß eine Kugel durch verschiedene Hindernisse hindurchrollen und im rechten Augenblick durch Drücken zweier Hebel wieder losgeschossen werden. Besonders motorisch behinderte Kinder spielen dieses Spiel, das in verschiedener Ausführung und Qualität im Handel ist, mit besonderem Vergnügen und gehen zunehmend geschickter damit um. Höhere Ansprüche stellen die ebenfalls im Handel erhältlichen Tisch-Fußballspiele und Tisch-Hockeyspiele.

Man sollte als Spielleiter bei behinderten Kindern weniger darauf achten, daß dieses Spiel beispielsweise im Sinne der Fußballregeln gespielt wird. Viel wichtiger ist es, daß diese Kinder hier Geschicklichkeit zeigen und im rechten Augenblick die richtigen Hebel betätigen lernen. Da diese Spiele von allen behinderten Kindern wegen ihrer Farbenprächtigkeit und ihrem technischen Aufwand bevorzugt werden, fallen alle Geschicklichkeitsübungen in den Bereich des Spiels und werden lustvoll ausgeübt. In den Perma-Magnetspielen (im Handel erhältlich) müssen mittels Magneten verschiedene Fahrzeuge über Straßen und Strecken geführt werden. Diese Spiele haben als Einzelspiele große Bedeutung, weil auch hier lustvoll die Übung der Kleinmotorik geübt werden kann.

✳O

Spiele, die die Selbstbeherrschung beinhalten

Verzaubern ✳✳OOO

Spieldauer: 5 bis 10 Minuten   Spieler: 2 bis 6

Ein Zauberer läuft im Kreis herum und berührt die Spieler irgendwo am Körper. Wenn der Zauberer die Schulter eines Spielers berührt, muß dieser Spieler dort seine Hand hinlegen und hinter dem Zauberer herlaufen. Ein anderer läuft mit „verzaubertem" Bein herum und hält dieses Bein mit der Hand fest. Wenn endlich alle „verzaubert" hinter dem Zauberer herlaufen, darf ein anderer Spieler Zauberer sein.

Es ist auch möglich, daß alle Spieler so lange mit ihren „verzauberten" Körperteilen herumlaufen, bis sie wieder vom Zauberer erlöst werden.

Berühren mit dem Zauberstab * * O O O

Spieldauer: 5 bis 10 Minuten   Spieler: 2 bis 6
Eine Hexe versucht, die Spieler, die im Kreis umherlaufen, mit ihrem Zauberstab zu berühren. Wer berührt wird, muß dort, wo er gerade steht, umfallen und steif liegenbleiben. Wer übrig bleibt, darf nun Hexe sein.

Reaktionsspiele

Eisenbahn, halt an! * * O O

Spieldauer: 5 bis 10 Minuten   Spieler: 3 bis 8
Wir bauen eine Eisenbahn aus Stühlen. Dann suchen wir uns dort einen Platz und setzen uns. Wir fahren mit lauten Geräuschen los. Einer ist Zugführer. Er pfeift und ruft: „Abfahrt! Halt! Alles aussteigen!" Dann steigen alle aus. Sie laufen herum, bis der Zugführer wieder pfeift und „Einsteigen"! ruft. Nun geht es darum, daß jeder möglichst schnell seinen Platz wiederfindet. Als Weiterführung dieses Spiels stellt der Spielleiter nun einen Stuhl zur Seite. Es ist damit ein Platz zu wenig. Beim Einsteigen muß sich jeder beeilen, einen Platz zu finden. Wer übrig bleibt, ist nun Zugführer. * * O O O

Die Reise nach Jerusalem * * O O O

Spieldauer: 5 bis 10 Minuten   Spieler: 3 bis 8
Ein bekanntes Reaktionsspiel ist die „Reise nach Jerusalem". Hier werden Stühle in einer Reihe aufgestellt (bei behinderten Kindern empfehlen sich Hokker ganz besonders). Während der Spielleiter auf einem Instrument eine Melodie spielt, laufen alle Spieler um diese Stühle herum. Wenn aber die Melodie plötzlich abbricht, muß jeder Spieler möglichst schnell einen Platz für sich ausfindig machen.
Auch hier wird als Weiterführung des Spiels ein Stuhl nach dem anderen weggenommen, so daß bei jeder Runde ein Spieler ausscheidet. Zuletzt laufen zwei Spieler noch um einen einzigen Stuhl herum. Wer diesen Stuhl im richtigen Moment besetzt, hat gewonnen. * * * O O O

Cowboys reiten * * O O

Spieldauer: 5 bis 10 Minuten   Spieler: 2 bis 6
Weil es bei diesem Spiel recht turbulent zugeht, muß die Spielgruppe — angemessen an der jeweiligen Behinderung — relativ klein sein.
Alle Spieler stellen Cowboys dar. Sie reiten auf imaginären Pferden. Der Spielleiter hat im Spielraum eine Schnur gespannt oder einen Strich auf den Fußboden gezogen. Hier ist ein steiler Abgrund. Nun müssen die Cowboys ganz schnell auf diesen Abgrund zureiten und dann plötzlich bremsen. Danach wenden sie und reiten sofort zurück.
Das Bremsen kann auch dann geschehen, wenn der Spielleiter pfeift oder in die Hände klatscht. Dann kann auf Schnur und Strich verzichtet werden. * * O O

Nicht fallen lassen! E✻O O

Spieldauer: 5 bis 10 Minuten   Spieler: 2 bis 8
Wir sitzen (stehen) im Kreis. Der Spielleiter nimmt eine Münze und gibt sie dem weiter, der ihm am nächsten sitzt (steht). Wir lassen die Münze so schnell wie möglich im Kreis wandern und passen auf, daß sie beim Weitergeben nicht auf den Boden fällt.
Das Spiel läßt sich auch als kleiner Wettkampf zwischen zwei Parteien spielen. Dann stehen sich die Parteien gegenüber.
Variationen:
Ein Tischtennisball wird weitergegeben   E✻O O
Ein großer Stoffball wird weitergegeben   E✻O
Ein Stoffhammer (Steiff) wird weitergegeben   E✻O
Zum Weitergeben darf nur eine Hand benutzt werden   E✻O O
Jeder muß den Ball einmal aufprellen und dann weitergeben   E✻✻O O
Ein Tischtennisball wird in einer Pfanne weitergereicht   E✻✻O O
Eine Spielkarte (Postkarte) wird mit den Zähnen weitergereicht E✻O O
Ein Stock (Kegel) wird zwischen die Füße geklemmt und dem Nachbarn weitergereicht. Das Spiel wird einfacher, wenn die Strümpfe ausgezogen werden, so daß der Stock zwischen den Zehen aufgenommen werden kann.   E✻✻O O
Ein leerer und ein gefüllter Pappbecher werden weitergereicht. Jeder Spieler muß beide Becher übernehmen, umfüllen und weitergeben. (Auch als Parteienspiel sehr reizvoll)   E✻✻O O

Schnelles Anziehen und Ausziehen E✻✻O O

Spieldauer: 5 bis 10 Minuten   Spieler: 3 bis 8
Wir sitzen im Kreis. Der Spielleiter bindet sich einen Schal um, setzt einen Hut auf und zieht sich Handschuhe an. Dann verbeugt er sich vor seinem Nachbarn. Nun muß der Nachbar die einzelnen Kleidungsstücke dem Spielleiter ausziehen und sich selbst anziehen. Dann verbeugt er sich vor dem nächsten Spieler.
Das Spiel erhält einen besonderen Reiz, wenn man die Zeit stoppt, die jeder einzelne benötigt und in der nächsten Spielrunde zum noch schnelleren Umziehen auffordert. Auch als Parteienspiel ist dieses Spiel geeignet!

Das verflixte Rot! E✻O O

Spieldauer: 5 bis 20 Minuten   Spieler: 3 bis 6
Wir brauchen einen Farbwürfel.
Wir sitzen im Kreis. Ein Spieler muß hintereinander folgende Kleidungsstücke anziehen: Jacke, Mantel, Schuhe (binden!), Hut, Handschuhe. Der Spieler, der ihm am nächsten sitzt, würfelt in dieser Zeit fleißig mit dem Farbwürfel. Wenn er „rot" würfelt, muß der andere Spieler sofort seine bisher angezogene Kleidung ausziehen. Nun ist der nächste Spieler dran, und sein Partner würfelt.
Wem es gelingt, wirklich alle Kleidungsstücke anzuziehen, erhält einen Preis. Aber meistens verhindert das „verflixte Rot" in letzter Sekunde den Gewinn.

Wattepusten   E ∗ O O O

Spieldauer: 5 bis 10 Minuten   Spieler: 4 bis 8
Wir sitzen um einen Tisch und versuchen, ein Stück Watte so weit fortzupusten, daß es auf unserer Tischseite nicht herunterfällt. Die Hände müssen hierbei unter der Tischplatte bleiben. Wer die Watte auf seiner Seite am wenigsten herunterfallen läßt, hat gewonnen.
Für dieses Spiel eignen sich auch Tischtennisball, Luftballon und Feder.

Wer erhält das Geschenk?   E ∗ ∗ O

Spieldauer: 5 bis 10 Minuten   Spieler: 4 bis 10
Der Spielleiter geht im Kreis herum und hält ein kleines Geschenk (Schlüssel, Münze, Klicker, Muggelstein, Bonbon) in der Hand. Dann gibt er vor, verschiedenen Mitspielern das Geschenk zu geben. Alle spielen mit und tun so, als ob sie wirklich das Geschenk erhalten hätten. Aber nur ein Spieler hat es jetzt wirklich in seiner Tasche. Nun soll Peter raten, wer das Geschenk erhalten hat.
Variation:
Der Spielleiter hat zwei Geschenke. Wer das zweite bekommt, muß raten, wer das erste erhalten hat.   E ∗ ∗ O

Anderswo   ∗ O O

Spieldauer: 5 Minuten   Spieler: 2 bis 8
Der Spielleiter steht in der Kreismitte und sagt: „Anderswo stehen alle Elefanten auf einem Bein!" Dann müssen alle auf einem Bein stehen. „Anderswo kratzen sich alle Leute am Kopf!" Schon kratzen sich alle. Man muß aber gut aufpassen. Wenn nämlich ein Befehl ohne Zusatz „anderswo" gegeben wird, darf nichts nachgeahmt werden. Es darf also nicht geklatscht werden, wenn der Spielleiter nur sagt: „Wir klatschen alle in die Hände!" und dabei „anderswo" ausläßt.

Armer schwarzer Kater!   E ∗ ∗ O O

Spieldauer: 5 bis 15 Minuten   Spieler: 4 bis 10
Wir sitzen im Kreis. Einer darf der Kater sein. Der arme schwarze Kater rutscht auf den Knien im Kreis herum und versucht, einen Spieler nach dem anderen durch erbärmliches Miauen und durch Grimassen zum Lachen zu bringen. Die Spieler müssen den Kater streicheln und dazu sagen: „Armer schwarzer Kater!" Wer lacht, muß als nächster der Kater sein.

Nimm dir etwas!   E ∗ ∗ O O

Spieldauer: 5 bis 10 Minuten   Spieler: 2 bis 10
Wir laufen alle durcheinander. Mitten auf dem Spielfeld steht ein Korb mit allen möglichen Gegenständen (Ball, Schnur, Kegel, Reifen usw.). Wenn der Spielleiter pfeift, laufen wir zu diesem Korb, holen uns einen Gegenstand heraus und laufen damit weiter. Wenn der Spielleiter erneut pfeift, bleiben wir stehen und

legen den Gegenstand vor uns auf die Erde. Wenn wir jetzt weiterlaufen, dürfen wir die herumliegenden Gegenstände nicht berühren. Wenn der Spielleiter wieder pfeift, laufen wir zu unseren Gegenständen, heben sie auf und tragen sie zurück in den Korb. Bei der nächsten Runde darf jeder einen anderen Gegenstand herausnehmen.

Suche dir einen Freund! E✳✳OO

Spieldauer: 5 bis 10 Minuten   Spieler: 4 bis 10
Wir laufen durcheinander. Nun ruft der Spielleiter: „Suche dir einen Freund!" Da sucht sich jeder einen Partner, faßt ihn an und setzt sich mit ihm auf den Boden. Wenn der Spielleiter in die Hände klatscht, lassen wir unseren Partner los, stehen auf und laufen wieder so lange durcheinander, bis die nächste Aufforderung „Suche dir einen Freund!" erfolgt. Nun soll möglichst ein anderer Freund gesucht werden.

Zurück zum Platz! ✳✳OO

Spieldauer: 5 bis 10 Minuten   Spieler: 2 bis 10
Jeder bekommt außerhalb des Spielfeldes einen Platz zugewiesen. Er setzt sich auf einen Stuhl und wartet, bis der Spielleiter in die Hände klatscht. Dann laufen alle los, tummeln sich auf dem Spielfeld und warten auf das folgende Kommando: „Zurück zum Platz!" Wer nun zuerst seinen Platz erreicht und still auf seinem Stuhl sitzt, darf in der nächsten Runde Spielleiter sein.

Haschen und Fangen ✳OO

Spieldauer: 5 bis 10 Minuten   Spieler: 4 bis 6
Durch Auszählen wird einer bestimmt, der die anderen Mitspieler fangen muß. Wen er mit einem leichten Schlag mit der flachen Hand auf den Rücken oder auf die Schulter trifft, muß als nächster die anderen fangen.

Fang mich doch! ✳OO

Spieldauer: 5 bis 10 Minuten   Spieler: 4 bis 6
Wieder muß einer die übrigen Mitspieler fangen. Wer sich von ihm fangen läßt, wird von ihm in das „Gefängnis" oder in das „Hexenhaus" („Räuberhöhle") abgeführt. Wenn alle gefangen sind, darf ein anderer „Fänger" sein.

Versteckspiel ✳OO

Spieldauer: 5 bis 10 Minuten   Spieler: 2 bis 6
Wir verstecken uns, und einer muß suchen. Hinter Schrank, Tisch und Stühlen, aber auch hinter Büschen und Bäumen bieten sich vielfältige Versteckmöglichkeiten. Allerdings sollte der Spielleiter stets darauf achten, daß die räumliche Begrenzung von ihm übersehen werden kann. Wer zuerst entdeckt oder gefunden wird, darf als nächster suchen. Dabei kommt es nur darauf an, daß der Name des Entdeckten von dem Suchenden aufgerufen wird.

Katze und Maus E ✳ ✳ O O

Spieldauer: 5 bis 15 Minuten   Spieler: 6 bis 10
Wir stehen im Kreis und halten uns an den Händen. An einer Stelle hat der Kreis ein Loch. Ein Spieler ist Katze, ein anderer Maus. Nun muß die Katze die Maus fangen. Dabei läuft die Katze im Kreis und um den Kreis herum hinter der Maus her. Manchmal wird sie versuchen, den Kreis zu durchbrechen, um die Maus schneller erwischen zu können. Wenn die Maus gefangen ist, werden die Rollen getauscht. Jeder der Spieler darf einmal die Katze und einmal die Maus sein. Die Sympathie der Spieler steht immer auf Seiten der Maus, der sie es oft gewähren, heimlich unter den Händen hindurchzulaufen.

Der Plumpsack geht um! E ✳ ✳ O O

Spieldauer: 5 bis 15 Minuten   Spieler: 6 bis 10
Ein Taschentuch mit einem Knoten stellt den Plumpsack dar. Wir stehen im Kreis und wenden unser Gesicht zur Kreismitte, damit wir nicht sehen können, was rechts und links von uns geschieht. Die Hände halten wir auf dem Rücken. Wir singen gemeinsam:

> Dreht euch nicht um,
> der Plumpsack geht 'rum.
> Wer sich umdreht oder lacht,
> kriegt den Buckel schwarz gemacht!

Einer läuft nun mit dem Plumpsack in der Hand um den Kreis herum und läßt diesen Plumpsack hinter einem Mitspieler — möglichst unbemerkt — fallen. Wenn der den Plumpsack hinter sich bemerkt, nimmt er ihn auf und läuft einmal um den Kreis herum, bis er ihn wieder hinter einem anderen Spieler fallen läßt. Bemerkt er den Plumpsack aber nicht, muß er so lange in die Mitte des Kreises treten, bis ihn ein anderer, der auch den Plumpsack verschlafen hat, ablöst.

Werdet hart wie Stein! E ✳ O O

Spieldauer: 5 bis 10 Minuten   Spieler: 4 bis 10
Einer der Spieler darf „Zauberer" sein. Er erhält einen Zauberstab und muß versuchen, die übrigen Spieler, die vor ihm davonlaufen, mit diesem Zauberstab zu berühren. Hat er einen berührt, ruft er: „Werde hart wie Stein!" Dann muß das Opfer steif wie ein Denkmal dort stehen bleiben, wo es verzaubert wurde. Wenn alle Spieler zu Stein geworden sind, darf ein anderer den „Zauberer" spielen.

Was sollen wir arbeiten? E ✳ O O

Spieldauer: 5 bis 10 Minuten   Spieler: 2 bis 8
Die Spieler fragen: „Was sollen wir arbeiten?"
Daraufhin gibt der Spielleiter ihnen berufstypische Arbeiten auf, z. B. Schreibmaschine schreiben, Fenster putzen, Zähne ziehen, Straße kehren. Nach einer Weile kann der Spielleiter gewechselt werden.

Spiele mit musikalischem Erlebnisgehalt

In diesen Bereich fällt neben dem Sprechen, dem Sehen, dem Tasten und Fühlen, dem Horchen, dem Schmecken und Riechen vor allem auch das Spiel mit musikalischem Erlebnisgehalt. Das musikalische Spielen beinhaltet Bewegung, Sprache, Gesang, einfaches Spiel auf einem Instrument und Hören auf Musik.
Hier stehen zunächst winzige Wörter, Reimwortpaare, Sprechverse und sehr einfache Lieder, zu denen darüber hinaus im Takt und im Sprachrhythmus alle möglichen Tätigkeiten ausgeführt werden können. Behinderte Kinder sind begeistert, wenn sie zu einzelnen Versen oder Melodien klopfen, klatschen, stampfen oder einfache Orff-Instrumente erklingen lassen dürfen. Es empfiehlt sich, die Instrumente des Orff-Instrumentariums nach ihrem Schwierigkeitsgrad auszuwählen und nur solche anzubieten, die allereinfachste Voraussetzungen fordern, beispielsweise Klangstäbe, Trommel, Triangel, Holzblockinstrumente, Schellen, einen oder zwei Tonstäbe auf dem Xylophon. Die Kinder nehmen diese sehr einfachen Musikinstrumente freudig an, weil sie diese bewältigen können, weil sie wirklich auf ihnen spielen können. Sie kommen somit zum aktiven Spielen, zum interessierten Zuhören. Im Spiel finden sich gewiß sogar einige, die beginnen, sich beim Hören einfacher Musikstücke frei zu bewegen.
In einer kleinen Gruppe können hier erste Kreisspiele eingeführt werden. Diese Kreisspiele sind sehr schnell beliebt und werden immer wieder gewünscht. Es wurde oft beobachtet, daß geistig behinderte Kinder immer und immer wieder dasselbe Kreisspiel ausführen wollten. Als der Spielleiter dann endlich das Spiel von sich aus beenden wollte, spielten sie so intensiv weiter, daß es fast nicht möglich war, sie zu einem anderen Spiel zu bewegen. Auch am nächsten Tag wurde wieder dieses Kreisspiel gewünscht.
Es ist bezeichnend, daß gerade das Kreisspiel die wesentlichen Grundmerkmale des darstellenden Spiels beinhalten, die hier mit sehr einfachen mimischen und gestischen Mitteln bereits verwirklicht werden können. Hinzu kommt, daß in diesem Falle wirklich die ganze Gruppe der Spieler mitmacht und keiner ausgeschlossen ist.
Für dieses Kapitel wurde eine begrenzte Auswahl guter Kinderreime getroffen. Sammlungen guter Kinderreime und Kinderweisen liegen zahlreich vor. Es bleibt dem Spielleiter überlassen, angemessene Reime heranzuziehen und den Spielern vorzustellen. Bedingung ist lediglich, daß er die einzelnen Reime und Weisen auswendig kann und nicht während des Spiels auf ein entsprechendes Buch angewiesen ist.

Namen sagen   *O

Spieldauer: 5 bis 10 Minuten   Spieler: 4 bis 8
Jeder darf seinen Namen sagen. Wir wiederholen den Namen gemeinsam.
Wir suchen kurze Namen und sprechen sie gemeinsam.
Wir suchen lange Namen und sprechen sie gemeinsam.

Wir sprechen die Namen langsam und schnell, laut und leise, hoch und tief. Wir klatschen dazu in die Hände. Wir stampfen und klopfen dazu. Wir lassen unsere Namen klingen.
Auch Dinge der täglichen Umwelt können in diesem Spiel vorgestellt werden. Sie werden benannt, rhythmisch aufgegliedert und sogar in einfachen Terzen musikalisch dargestellt:

>Ball — Stein
>Mütze — Jacke
>Eisenbahn — Autobahn

Aus einfachen Wörterpaaren können sich erste Reimereien entwickeln, die im günstigen Falle nicht nur vom Spielleiter vorgestellt werden:

>Ball — Stall
>Maus — Haus — Klaus — raus
>Kuh — muh
>Katze — Tatze
>Eisenbahn — Autobahn
>Schokolade — Limonade

Der Übergang zu winzigen Versen ist damit schon gegeben:
Bei allen Spielen sind 2 und mehr Spieler erforderlich. Doch sollte die Spielgruppe nicht mehr als 8 Spieler aufnehmen.

Heile, Heile, Segen   *O

>Heile, Heile, Segen,
>Drei Tage Regen,
>Drei Tage Schnee,
>Tut's dem Kind bald nimmer weh!

Bim, bam, beier   *O

>Bim, bam, beier,
>Die Katz' mag keine Eier.
>Was mag sie dann? —
>Speck in die Pfann!
>Ei, wie lecker ist unsere Madam!

Wie das Fähnchen auf dem Turm   *O

>Wie das Fähnchen auf dem Turm
>Sich kann drehn bei Wind und Sturm,
>So soll sich mein Händchen drehn!
>Das ist lustig anzusehn!
>(Hier können die Hände bereits helfen)

Backe, backe, Kuchen   *O

>Backe, backe, Kuchen,
>Der Bäcker hat gerufen;
>Wer will guten Kuchen backen,
>Der muß haben sieben Sachen:
>Eier und Schmalz,
>Butter und Salz,

Milch und Mehl,
Safran macht den Kuchen gel.
Schieb' ihn in den Ofen rein,
Bald wird der Kuchen fertig sein!
(Auch hier werden bereits Tätigkeiten vorahmend – nachahmend dargestellt)

Ri-ra-rutsch ✳ O

Ri-ra-rutsch,
Wir fahren in der Kutsch,
Wir fahren in der Eisenbahn,
Ri-ra-rutsch.

Es brennt ✳ O

Es brennt,
Es brennt,
Die Feuerwehr,
Die rennt!

O Jammer, o je ✳ O

O Jammer, o je,
Mein Zahn tut mir weh!
Juchhe und juchhei,
Jetzt ist es vorbei!

Es regnet, es regnet ✳ O

Es regnet, es regnet,
Es regnet seinen Lauf,
Und wenn's genug geregnet hat,
Dann hört's auch wieder auf.

Ine, mine, muh ✳ O

Ine, mine, muh,
Wer lacht nu?
Das bist du!

Ringel, Ringel, Reihe! ✳ O

Ringel, Ringel, Reihe!
Sind der Kinder dreie,
Sitzen unterm Hollerbusch,
Schreien alle husch, husch, husch!
Sitzt nieder!

Eins, zwei — Polizei ✳ ✳ O

Eins, zwei — Polizei,
Drei, vier — haben wir,
Fünf, sechs — alte Hex,
Sieben, acht — gute Nacht,
Neun, zehn — laßt uns gehn,
Elf, zwölf — kommen die Wölf.

Da kommt die Maus   * O
        Da kommt die Maus,
        Da kommt die Maus,
        Klingelingeling. Ist der Herr zu Haus?
        (Das Ohrläppchen wird als Klingel benutzt)

Laterne, Laterne   * O
        Laterne, Laterne,
        Sonne, Mond und Sterne,
        Brenne auf, mein Licht,
        Brenne auf, mein Licht,
        Nur meine schöne Laterne nicht.

Regen, Regen, Tröpfchen   * O
        Regen, Regen, Tröpfchen,
        Fall mir auf mein Köpfchen!
        Fall mir nicht daneben,
        Daß ich lang soll leben!

Du liebe Zeit!   * * O
        Du liebe Zeit!
        Es schneit, es schneit!
        Die Flocken fliegen
        Und bleiben liegen.
        Ach, bitte sehr:
        Noch mehr, noch mehr!

Ilse - Bilse   * O
        Ilse - Bilse,
        Niemand will se,
        Kam der Koch,
        Nahm se doch.

Jakob hat kein Brot im Haus   * O
        Jakob hat kein Brot im Haus,
        Jakob macht sich gar nichts draus,
        Jakob hin,
        Jakob her,
        Jakob ist ein Zottelbär.

Grau, grau Mäuschen   * * O
        Grau, grau Mäuschen,
        Bleib in deinem Häuschen!
        Frißt du mir mein Butterbrot,
        Kommt die Katz und beißt dich tot,
        Grau, grau Mäuschen,
        Bleib in deinem Häuschen!

Ei, wie langsam, ei, wie langsam ✳ O
    Ei, wie langsam, ei, wie langsam
    Kommt die Schneck von ihrem Fleck!
    Sieben lange Tage braucht sie
    Von einer Eck' zur andern Eck.

Ich bin so satt ✳ O
    Ich bin so satt,
    Ich mag kein Blatt,
    Mäh! Mäh! Mäh!

Kinnewippchen ✳ O
    Kinnewippchen,
    Rotlippchen,
    Nuppelnäschen,
    Augenbräunchen,
    Zupp-Zupp-Härchen.

Komm, wir wollen wandern ✳ O
    Komm, wir wollen wandern,
    Von einer Stadt zur andern;
    Rirarirarutsch!
    Wir fahren in der Kutsch!

Hopp, hopp, hopp! ✳ O
    Hopp, hopp, hopp!
    Pferdchen lauf Galopp
    Über Stock und über Steine,
    Aber brich dir nicht die Beine.
    Hopp, hopp, hopp, hopp, hopp,
    Pferdchen, lauf Galopp.

Weißt du was? ✳ O
    Weißt du was?
    Wenns regnet wirds naß,
    Wenns schneit wirds weiß,
    du bist ein alter Naseweis.

Da kommt der Bär ✳ O
    Da kommt der Bär,
    Er tappt daher
    und fragt mich, wo der Heiner wär!

Nabel, Nebel, Niebel ✳ O
    Nabel, Nebel, Niebel,
    Schwing dich auf den Giebel,
    Schwing dich auf zur Himmelstür,
    Laß die liebe Sonn herfür.

Es regnet, es regnet * O

    Es regnet, es regnet,
    Der Kuckuck wird naß.
    Wir sitzen im Trocknen,
    Was schadet uns das?

Hierhin gehören auch ganz einfache Abzähl- und Suchreime, die besonders vom Wortklang und vom Sprachrhythmus her ansprechen:

Abzähl- und Suchreime

Der Frosch, der hat kein Haus * O O

    Der Frosch, der hat kein Haus.
    Du bist raus!

Eins, zwei, drei * O O

    Eins, zwei, drei,
    Butter auf den Brei,
    Salz auf den Speck,
    Hans muß weg.

Ich und du * O O

    Ich und du,
    Müllers Kuh,
    Müllers Esel,
    Der bist du.

Eichen, Birken, Buchen * O O

    Eichen, Birken, Buchen,
    Du mußt suchen!

Es geht ein Männchen über die Brück' * * O O

    Es geht ein Männchen über die Brück',
    Hat ein Säckchen auf dem Rück',
    Schlägt es wider den Pfosten.
    Pfosten kracht,
    Männchen lacht,
    Tipp, tipp, tapp,
    Und du bist ab!

Es war einmal ein Männchen * O O

    Es war einmal ein Männchen,
    Das kroch in ein Kännchen,
    Dann kroch es wieder raus,
    Du bist aus!

Eins, zwei, drei ✳ ○ ○

  Eins, zwei, drei —
  Du bist frei!

Ene mene Miesmaus ✳ ○ ○

  Ene mene Miesmaus
  Lief ums Rathaus,
  Schillewipp — schillewapp,
  Du bist ab!

Eine kleine Dickmadam ✳ ✳ ○ ○

  Eine kleine Dickmadam
  Fuhr mit einer Eisenbahn.
  Eisenbahn, die krachte,
  Dickmadam, die lachte.
  I A U
  Aus bist du!

Auf einem Gummi-Gummi-Berg ✳ ✳ ○ ○

  Auf einem Gummi-Gummi-Berg,
  Da wohnt ein Gummi-Gummi-Zwerg,
  Der Gummi-Gummi-Zwerg
  Hat eine Gummi-Gummi-Frau,
  Die Gummi-Gummi-Frau
  Hat ein Gummi-Gummi-Kind,
  Das Gummi-Gummi-Kind
  Hat ein Gummi-Gummi-Kleid,
  Das Gummi-Gummi-Kleid
  Hat ein Gummi-Gummi-Loch,
  Und du bist es doch!

Rische, rasche, rei ✳ ✳ ○

  Rische, rasche, rei,
  Eins, zwei, drei!
  Mist, most, maus,
  Du bist aus!

Ein Junge, ein Mädchen ✳ ✳ ○ ○

  Ein Junge, ein Mädchen,
  Eine Frau und ein Mann,
  Ein Hund und ein Kätzchen
  Und du bist dran!

Welche Frau? ✳ ○ ○

  Welche Frau,
  Welcher Mann
  Fängt heut mit dem Spielen an?
  Du!

Ich bin nicht dran!   * O O

    Ich bin nicht dran!
    Du bist nicht dran!
    Doch der Peter (die Inge),
    Der (die) muß ran!

Fingerspiele

Fingerspiele lieben alle Kinder sehr. Behinderte Kinder benötigen hier oft die Hilfe des Erwachsenen, der zunächst einzelne kleine Spiele immer und immer wieder vorführt. Die Kinder schauen gebannt zu und beginnen nach einiger Zeit selbst damit. Dabei sollte besonders darauf geachtet werden, daß das körperlich behinderte Kind zunächst nur winzige Teilstücke des gesamten Spiels selbst nachvollzieht, dafür aber stärker sprachlich eingesetzt wird. Das geistig behinderte Kind wird schnell einzelne Bewegungen seiner Hände spielgemäß steuern können, wird aber zunächst größere Schwierigkeiten im sprachlichen Bereich haben.

Es ist auffallend, daß diese Fingerspiele über einen sehr langen Zeitraum gleichmäßig beliebt bleiben und immer wieder verlangt werden. Das Beharren auf einzelnen Bewegungen, einzelnen Reimen ist hier besonders stark.

Da hast' nen Taler   * O

    Da hast' nen Taler,
    Geh auf den Markt,
    Kauf dir ne Kuh,
    Kälbchen dazu;
    Das Kälbchen hat ein Schwänzchen
    Dideldideldänzchen
    (Mit der Hand wird dem Kind pantomimisch das Geld in die aufgehaltene Hand gezählt)

So läuft der Hase herunter   * O

    So läuft der Hase herunter,
    So läuft er bergauf!
    (Mit zwei Fingern wandert der Spielleiter am Arm des Kindes hinauf und hinunter)

Raufwärts holperig   * O

    Raufwärts holperig,
    Runterwärts stolperig.
    (Auch hier wandern zwei Finger in verschiedener Weise den Arm hinauf und hinunter)

Da kommt die Maus   * O

    Da kommt die Maus,
    Da kommt die Maus,
    Klingelingeling!

Ist der Herr zu Haus?
(Zwei Finger wandern zum Ohr. Beim Klingeln wird leicht am Ohr gezogen)

Kommt eine Maus   *O

Kommt eine Maus,
Die baut ein Haus.
Kommt ein Mückchen,
Baut ein Brückchen.
Kommt ein Floh,
Der macht so und so und so!
(Auch hier geht es über den Arm, bis der Floh zusticht)

Wo wohnt der Schneider?   *O

Wo wohnt der Schneider?
Treppchen höher!
Wo wohnt der Schneider?
Treppchen höher!
Wo wohnt der Schneider?
Hier! Hier! Hier!
Soll ich klingeln?
Soll ich klopfen?
Ja! Ja! Ja! Ja!
(Das Spiel wird ähnlich wie die vorigen Spiele gespielt, nur wird das Kind sehr schnell seine Antworten, die ihm das Spiel aufgibt, selbst sagen)

Geht ein Mann die Treppe hinauf   *O

Geht ein Mann die Treppe hinauf.
Da klopft er an.
Geht noch ein bißchen weiter hinauf.
Da läutet er an.
(Auch ein Weg über den Arm bis zum Ohr, der schnell vom Kind nachvollzogen wird. Kleinmotorische Übungen werden bei solch winzigen Spielen gern ausgeführt, ohne daß der Übungscharakter deutlich wird)

Knipp, knapp, Knoweloch   *O

Knipp, knapp, Knoweloch,
Wer lacht, der kommt ins Ofenloch;
Lache nicht! Lache nicht!
Und zeig deine weißen Zähne nicht!
(Das Spiel macht besonders Freude, weil immer wieder versucht wird, sich so zu beherrschen, daß man nicht zu lachen braucht. Aber je mehr man sich beherrschen möchte, umso leichter gelingt es, zum Lachen zu bringen)

Steigt das Büblein auf den Baum   **OO

Steigt das Büblein auf den Baum,
Ei, wie hoch, man sieht es kaum!
Schlüpft von Ast zu Ästchen,

Hüpft zum Vogelnestchen.
Hui! — da lacht es —
Hui! — da kracht es —
Plumps! — Da liegt es unten.
(An Arm, Hand und Fingern werden die einzelnen Stationen des Hänschens gezeigt. Die Kinder ahmen die Bewegungen schnell nach)

Der Michel, der Michel   ***OO

Der Michel, der Michel,
Der kreuzfidele Mann,
Der macht ein paarmal
Rutsch, rutsch, rutsch;
Und ist gleich wieder
Futsch, futsch, futsch.
Der Michel, der Michel,
Der kreuzfidele Mann!
Der macht ein paarmal rutsch!
Und ist auf einmal futsch!
(Auch hier wird mit Fingern über den Arm gegangen. Beim Rutschen gleiten die Finger ab, wenn der Michel futsch ist, rutschen die Finger ganz nach unten)

Binki   **OO

Binki	(wir stoßen mit den Fingerspitzen)
Dalli	(wir schlagen mit dem Handrücken)
Rafti	(wir krauen mit den Nägeln)
Platti	(wir schlagen mit der flachen Hand)
Fausti	(wir schlagen mit der geballten Faust auf die Tischplatte oder auf das Bein)

Ich weiß ein Ding   **OO

Ich weiß ein Ding,
Heißt Piepering,
Kann gehn und drehn,
Und auf dem Kopf nach Hause gehn.
(Ein Finger nach dem anderen läuft beim Aufsagen über den Tisch)

Daumen bück dich   **OO

Daumen bück dich,
Zeigefinger streck dich,
Mittelfinger dreh dich,
Ringfinger heb dich,
Kleiner duck dich.
(Die einzelnen Finger führen die vorgetragenen Bewegungen aus)

Daume, Laume, Langemann   *OO

Daume, Laume, Langemann,
Spielmann,
Dotz.
(Auch hier werden die einzelnen Finger vorgestellt)

Einen Taler in der Hand ✱✱ ○ ○

    Einen Taler in der Hand,
    Kannst dir kaufen Sand und Land,
    Haus und Hof, Pferd und Kuh
    Und ein kleines Füllen dazu.
    (Dem Kind wird während des Aufsagens der Taler pantomimisch in die Hand gestrichen)

Däumchen ✱ ○

    Däumchen,
    Pfläumchen,
    Äpfelchen,
    Birnchen,
    Nüßchen.
    (Auch hier werden wieder die einzelnen Finger vorgestellt)

Auf einer großen Kaffeetasse ✱ ○

    Auf einer großen Kaffeetasse
    (mit der offenen Faust wird die Kaffeetasse gezeigt)

    Sitzt eine kleine Fliege,
    (mit dem Zeigefinger wird die Fliege auf der Kaffeetasse gezeigt)

    Die flog mir plötzlich auf die Nase.
    (Der Zeigefinger fliegt zur Nase)

    Wehe, wenn ich dich kriege!
    (Wir drohen mit dem Zeigefinger)

In der Küche auf dem Tisch ✱✱ ○ ○

    In der Küche auf dem Tisch
    Steht ein Töpfchen Milch, ganz frisch.
    (Mit der offenen Faust wird das Töpfchen angedeutet)

    Kätzchen will sich daran laben,
    Von der frischen Milch was haben,
    (Zwei Finger kommen angewandert)

    Steckt das Köpfchen
    In das Töpfchen
    (Die Finger werden in die Faust gesteckt)

    Und trinkt und trinkt.
    O weh! O weh!
    Das Köpfchen geht nicht in die Höh!
    (Die Faust umschließt die Finger der anderen Hand)

    Es ruckt
    Und zuckt.
    (Die Finger bemühen sich, aus der Faust herauszukommen)

Mit dem Töpfchen
Auf dem Köpfchen
Läuft das Kätzchen in den Klee (Schnee).
(Die Faust bleibt über den beiden Fingern, wird aber von diesen nach oben gehoben. Auf Daumen und Ringfinger läuft das Kätzchen mit dem Töpfchen auf dem Köpfchen davon)

Das ist der Daumen ✲ O

Das ist der Daumen,
Der schüttelt die Pflaumen,
Der liest sie auf,
Der trägt sie nach Haus,
Und der Klitzekleine,
Der frißt sie alle auf
(Der frißt sie ganz alleine).
(Die einzelnen Finger werden beim Aufsagen gezeigt)

Das ist die Mutter lieb und gut ✲ O

Das ist die Mutter lieb und gut,
Das ist der Vater mit frohem Mut,
Das ist der Bruder schlank und groß,
Das ist die Schwester mit dem Püppchen auf dem Schoß.
Das ist das Kindchen, hübsch und klein.
Das wird die ganze Familie wohl sein.
(Auch hier werden wieder die einzelnen Finger gezeigt)

Der war in den Busch gegangen ✲ O

Der war in den Busch gegangen,
Der hatte ein Häschen gefangen,
Der hier hat es heimgebracht,
Der hat's gebraten,
Und der hat's verraten.
(Der lustige Schluß ist auch schon vielen geistig behinderten Kindern zugänglich, besonders deshalb, weil am Ende der kleine Finger noch zusätzlich zappeln darf)

Der ist in den Brunnen gefallen ✲ O

Der ist in den Brunnen gefallen,
Der hat ihn wieder rausgeholt.
Der hat ihn ins Bett gelegt.
Der hat ihn zugedeckt.
Und der kleine Schelm da
hat ihn wieder aufgeweckt.
(Auch hier wird im lustigen Fingerspiel eine verständliche Pointe gegeben)

Händedrücken, Händedrücken ✲✲ O O

Händedrücken, Händedrücken
Ist ne schöne Kunst.

Ich drücke dir die rechte Hand,
Ich drücke dir die linke Hand.
Da hast du sie, da nimmst du sie.
Jetzt hast du alle beide.

Händeklatschen, Händeklatschen
Ist ne schöne Kunst.
Ich klatsche die,
Ich klatsche die,
Und du klatschst die, und du klatschst die,
Wir klatschen alle beide.

Fingerschnalzen, Fingerschnalzen
Ist ne schöne Kunst.
Ich schnalz mal hier.
Ich schnalz mal hier.
Und du schnalzt hier.
Und du schnalzt hier.
Wir schnalzen alle beide.

Adam hatte sieben Söhne * * O O

Adam hatte sieben Söhne,
Sieben Söhne hatte Adam.
Sie aßen nicht,
Sie tranken nicht,
Sie waren alle liederlich
Und machtens so wie ich:
Mit dem Fingerchen tip, tip, tip,
Mit dem Köpfchen nick, nick, nick,
Mit den Füßchen trab, trab, trab,
Mit den Händchen klapp, klapp, klapp.
(Alle Bewegungen werden dazu ausgeführt)

Grüß Gott, grüß Gott, was wollen Sie? * * O O

Grüß Gott, grüß Gott, was wollen Sie?
Zucker und Kaffee.
Da haben Sie's, da haben Sie's.
Adieu, Adieu, Adieu.
Warten Sie doch, warten Sie doch,
Sie kriegen noch was raus!
Behalten Sie's, behalten Sie's,
Wir müssen jetzt nach Haus.
(Mit beiden Händen bauen wir ein Häuschen, das den Kaufladen darstellt. Ein Zeigefinger ist die Theke. Der kleine Finger ist der Kaufmann, und der Daumen stellt die Kundschaft dar. Das Spiel eignet sich auch als Partnerspiel: Ein Kind baut das Häuschen, ein anderes ist Kaufmann, ein drittes ist Kunde)

Es sitzen zwei Tauben auf einem Dach ✶ O O
        Es sitzen zwei Tauben auf einem Dach,
        Die eine fliegt weg,
        Die andre fliegt weg,
        Die eine kommt wieder,
        Die andre kommt wieder,
        Da sitzen sie alle beide wieder.
        (Die beiden Zeigefinger werden erhoben und gekrümmt)

Kommt ein Mäuschen ✶ O
        Kommt ein Mäuschen,
        Will ins Häuschen,
        Da hinein! Da hinein.
        (Die Faust stellt das Mauseloch dar)

Wie das Fähnchen ✶ O
        Wie das Fähnchen auf dem Turm
        Sich kann drehn bei Wind und Sturm,
        So soll sich mein Händchen drehn.
        Das ist lustig anzusehn!
        (Die Hand wird hin- und hergedreht)

In dem Walde steht ein Haus ✶✶ O O
        In dem Walde steht ein Haus,
        Guckt ein Reh zum Fenster raus,
        Kommt ein Häslein angerannt,
        Klopfet an die Wand.
        Hilfe, Hilfe, hilf mir doch,
        Sonst schießt mich der Jäger tot.
        Armes Häslein, komm herein!
        Reich mir deine Hand.
        (Mit den Händen wird zunächst ein Haus gezeigt, aus dem ein Finger [das Reh] herausguckt. Das Häschen [zwei Finger] kommt angerannt und klopft an. Dann wird das gespielt, was der Text fordert.
        Man kann auch das Herausgucken zeigen, indem man mit der Hand über den Augen in die Ferne schaut)

Himpelchen und Pimpelchen ✶✶ O O
        Himpelchen und Pimpelchen
        Stiegen auf einen Berg.
        Himpelchen war ein Heinzelmann
        Und Pimpelchen war ein Zwerg.
        Sie blieben lange dort oben sitzen
        Und wackelten mit den Zipfelmützen.
        Doch nach fünfundsiebzig Wochen
        Sind sie in den Berg gekrochen.
        Schlafen dort in guter Ruh.
        Sei mal still und hör gut zu:
        Rrrrrrrrrrrrrrrrrrr!

Himpelchen sagt:
Ich wach wieder auf!
Pimpelchen sagt: Ich auch!
Himpelchen sagt: Ich bau mir ein Haus!
Pimpelchen sagt: Ich auch!
Mein Häuschen ist nicht gerade.
Ist das aber schade!
Mein Häuschen ist ein bissel krumm.
Ist das aber dumm!
Bläst der böse Wind hinein,
Fällt mein ganzes Häuschen ein.
(Himpelchen und Pimpelchen werden durch die zwei Zeigefinger dargestellt. Wenn sie auf dem Berg sitzen, sind die Hände gefaltet. Wenn die Zipfelmützen wackeln, wackeln die beiden Zeigefinger. Dann verstecken die Zeigefinger sich in den Händen. Die Hände werden ans Ohr gehalten, damit man Himpelchen und Pimpelchen auch richtig schnarchen hört. Wenn dann das Haus gebaut wird, werden wieder beide Hände in Hausform gegeneinander gestellt. Wenn das Häuschen endlich umfällt, klatschen alle in die Hände)

Sonne, liebe Sonne   *O

Sonne, liebe Sonne,
Komm ein bißchen runter!
Laß den Regen oben,
Dann wollen wir dich loben.
Einer schließt den Himmel auf,
Dann kommt die liebe Sonn' heraus.
(Mit den Händen wird gewinkt und der Regen zurückgedrängt. Wir schließen alle den Himmel auf und breiten vor Freude die Arme aus, wenn die Sonne herauskommt)

Meine Mühle, die braucht Wind, Wind, Wind   *O O

Meine Mühle, die braucht Wind, Wind, Wind,
Sonst geht sie nicht geschwind, schwind, schwind.
Meine Mühle, die braucht Wind, Wind, Wind,
Sonst geht sie nicht geschwind.
(Wir verwandeln unsere Arme in Windmühlenflügel)

Kasperle ist wieder da   ***O O

Hierhin gehört auch ein erstes Rollenspiel, in dem die Finger und Hände die einzelnen Figuren des Kaspertheaters darstellen. Man kann auch verschiedene Schuhe auf die Hände setzen. Mit bunter Kreide lassen sich lustige Gesichter auf die Schuhsohlen malen.
Tri, tra, trullala — tri, tra, trullala
(Der Zeigefinger wird gezeigt)
Guten Tag, meine Damen!
Guten Tag, meine Herrn!
Habt ihr auch den Kasper gern?
(Der Zeigefinger verneigt sich)
Da hol ich mir den Seppel gleich,

Da machen wir manch schönen Streich.
(Der zweite Zeigefinger kommt)
Wir schlagen uns
(Beide Zeigefinger gehen aufeinander los)
Und wir vertragen uns.
(Beide Zeigefinger umarmen sich)
Da kommt die Hexe Höckebein:
(Mittelfinger gekrümmt)
„Kasper, du sollst verzaubert sein!"
„Nein, Hexe, nein! Da wird nichts draus!
Marsch mit dir ins Hexenhaus!
(Die Hexe wird mit der Hand gefangen)
Da kommt das Krokodil
Mit großem Maul,
(Daumen bewegt sich ständig gegen die übrigen Finger der Hand)
Das frißt so viel.
Es hat sich ganz herangeduckt
(Schleicht sich auf den Zeigefinger zu)
Und hat den Kasper halb verschluckt.
(Umfaßt den Zeigefinger)
Der ruckt und zuckt und — ei, der Daus —
Er zappelt wieder sich heraus.
(Zeigefinger kommt aus der Hand los)
Jetzt geht es schlecht dem Krokodil.
(Kasper schlägt auf es ein)
Geh fort! Hinunter bis zum Nil!
(Die Richtung wird gezeigt)
Jetzt hol ich mir mein Gretelein.
(Umarmt einen anderen Finger)
Komm, Gretel, wir wollen lustig sein!
(Sie tanzen miteinander)
Tri, tra, trullala, tri, tra, trullala.
Kasperle war wieder da.
(Alle singen mit)

Hier steht der Riese Tadellos ✷✷✷ ○ ○ ○

Hier steht der Riese Tadellos,
So hoch wie fast ein Berg.
(Der Arm wird hoch aufgestreckt)
Er ist so stark. Er ist so groß.
Und hier steht Pips, der Zwerg.
(Der Zeigefinger steht dem Arm gegenüber)
Der Pips sagt: Riese Tadellos,
Du siehst bis hin zum Rhein!
Ich möchte auch wie du so groß
Und nicht so winzig sein!
Da lacht der Riese Tadellos,
Der große, starke Tropf
(Der Arm wird geschüttelt)
Und hebt den Zwerg herauf vom Moos,

Setzt ihn sich auf den Kopf.
(Der Zeigefinger wird von der anderen Hand hochgehalten)
Jetzt ist der Pips auf einmal groß
Und schaut bis hin zum Rhein.
Da sagt der Riese Tadellos:
Ach, wär ich einmal klein!
Da klettert Pips von seinem Kopf.
(Wird gezeigt)
Er packt den Tadellos
Und zieht den großen, starken Tropf
Hinunter in das Moos.
(Der Arm wird von dem Zeigefinger heruntergedrückt)
Da hat der Riese Tadellos,
Da hat der Pips gelacht.
Sie waren klein, sie waren groß!
Das wird nochmals gemacht!

Rolf Krenzer

Sehet, so so so tanzen unsere kleinen Püppchen   * O

Sehet, so so so tanzen unsere kleinen Püppchen,
Sehet, so so so, eins-zwei-drei, ist alles vorbei.
(Die erhobenen Hände sind die Püppchen, sie werden gedreht und gewendet und bei „eins-zwei-drei" hinter dem Rücken versteckt)

In unserm Häuschen   * * O O

In unserm Häuschen
Sind schrecklich viele Mäuschen.
Sie trippeln und trappeln,
Sie zippeln und zappeln,
Sie stehlen und naschen,
Und will man sie haschen:
Husch, sind sie weg!
(Die Finger sind die Mäuschen. Sie trippeln auf dem Tisch herum. Husch, sind sie weg!)
In ganz ähnlicher Weise wird das nachfolgende Fingerspiel gespielt. Dieses Spiel ist besonders zur Beruhigung und zur Sammlung geeignet.

Zehn kleine Zappelmänner   * * O O

Zehn kleine Zappelmänner
Tanzen auf und nieder.
Zehn kleine Zappelmänner
Tun das immer wieder.
Zehn kleine Zappelmänner
Tanzen hin und her.
Zehn kleinen Zappelmännern
Fällt das gar nicht schwer.
Zehn kleine Zappelmänner
Spielen jetzt Versteck.
Zehn kleine Zappelmänner
Sind auf einmal weg!

Zwei Däumelein   * O O

>Zwei Däumelein,
>Dick und Klein,
>Stiegen in ein Schifflein ein.
>Das Schifflein fuhr aufs weite Meer,
>Das freute unsere Däumlein sehr.
>Da kam der böse Wind daher
>Und blies und blies aufs weite Meer.
>Den Däumlein wurde bang zumut:
>„Ach, lieber Wind, sei doch so gut
>Und stell das dumme Blasen ein!
>Wir fürchten uns so ganz allein."
>Da blies der gute Wind nicht mehr
>Und schickte Sonnenschein aufs Meer.
>Die Däumlein fuhren heim geschwind
>Und sagten: „Danke schön, Herr Wind!"
>
>Die Bewegungen zu dem Däumchenspiel machen ganz besonderen Spaß. Hier kann nämlich mit den Händen ein Schiffchen gebildet werden, der Daumen darf einsteigen, und zum Schluß darf man so fest blasen, wie es nur möglich ist.
>(Das Spiel eignet sich besonders dafür, daß ein Erzieher mit einem Kind, das bisher nur wenig Gruppenkontakt hatte, hier die Möglichkeit findet, im Spiel mit diesem Kind einen ersten Bezug herzustellen)

Meine Hände sind verschwunden   * O

>Meine Hände sind verschwunden,
>Ich habe keine Hände mehr.
>Hei! Da kommen meine Hände wieder her.
>Meine Finger sind verschwunden.
>Ich habe keine Finger mehr.
>Hei! Da kommen meine Finger wieder her!
>(Dieses sehr einfache Fingerspiel kann weiter variiert werden, indem die einzelnen Körperteile nacheinander benannt werden)

Kreisspiele

Kreisspiele sind beliebt. Für behinderte Kinder kann bereits ein Spielkreis entstehen, wenn drei bis vier Kinder an einem Kreisspiel teilnehmen. Viele der musikalisch und rhythmisch sehr einfach gestalteten Spiele üben einen starken emotionalen Reiz aus, der selbst den Erwachsenen anzusprechen vermag. Hinzu kommt, daß einzelne Bewegungen, Tätigkeiten und Handreichungen aus dem direkten Lebenskreis der Kinder gegriffen sind, daß sie sich außerdem zu solch lustbetonten, gemeinsamen Spielen ganz besonders hingezogen fühlen, weil ihnen hier freudiges Erleben vermittelt wird, weil sie hier die Möglichkeit finden, ihren Bewegungshunger zu sättigen. Im Kreisspiel ahmen sie vielfach

Situationen der Umwelt und Tätigkeiten der Erwachsenenwelt nach und lernen viele Einzelheiten im Spiel begreifen. Die erzieherischen Möglichkeiten des Kreisspiels kommen den pädagogischen Forderungen entgegen, nämlich Situationen zu schaffen, in denen behinderten Kindern die Möglichkeit gegeben wird, bestimmte Verhaltensweisen zu üben. Mit den Mitteln der Kunst, der Sprache, der Musik und der Bewegung wird dem Kind ein Ausschnitt der wirklichen Umwelt vorgestellt. Es lernt im Spiel, diese Umwelt zu begreifen und mag vereinzelt sogar Einblicke in ästhetische und ethische Zusammenhänge erhalten, beispielsweise bei den sehr beliebten Märchen-Kreisspielen.

Zudem steht vielfach im Kreisspiel die soziale Betätigung im Vordergrund. Hier können die Kinder lernen, sich zu beherrschen, richtig zu reagieren und eine rege Beteiligung aller Kinder an diesem Spiel anzustreben, das heißt, selbst darauf zu achten, daß jeder einmal drankommt, daß niemand — und sei er auch noch so stark behindert — vergessen wird.

Von der Grobmotorik erfolgt vielfach eine Steigerung zu feinmotorischen Spielaufgaben, die auch hier, weil sie angemessen vorgetragen werden, akzeptiert und nach bestem Vermögen ausgeführt werden.

Wie bereits an anderer Stelle gesagt, bleibt es auch hier dem Spielleiter überlassen, geeignete Tätigkeiten aus dem Angebot herauszuholen, andere Dinge fortzulassen und durch eigene Ideen und Beobachtungen zu ergänzen.

Das nachahmenswerte Beispiel eines Kindergartens für behinderte Kinder sollte nicht unerwähnt bleiben: Dort setzten sich die Kindergärtnerinnen zusammen und stellten in Eigenarbeit ein kleines hektographiertes Büchlein mit einigen Zeichnungen zusammen, das 30 winzige Kreisspiele vorstellt. Dieses Büchlein wird jeder Mutter geschenkt, wenn sie ihr Kind für diesen Kindergarten anmeldet. So hat sie zu Hause die Möglichkeit, die Lieder und Spiele mit ihrem Kind durchzuführen, die im Mittelpunkt der Arbeit im Sonderkindergarten stehen.

Neue Spiellieder, die speziell für behinderte Kinder ausgearbeitet und mit ihnen erprobt wurden, finden sich in der Sammlung „Kommt alle her" (Kemper Verlag, Staufen/Brsg.). Im gleichen Verlag wird auch unter dem Titel „Da lacht der dicke Bär" eine Langspielplatte angeboten, auf der geistig Behinderte schwungvoll diese neuen Lieder vortragen, z. B. das Lied „Hier steht der Riese Tadellos" (siehe S. 91). Methodische Anleitungen zu den einzelnen Spielliedern werden mitgegeben.

Zeigt her eure Füßchen, zeigt her eure Schuh   *O O

    Zeigt her eure Füßchen, zeigt her eure Schuh
    Und sehet den fleißigen Waschfrauen zu.
    Sie waschen, sie waschen, sie waschen immerzu.
    Sie spülen, sie spülen, sie spülen immerzu.
    Sie wringen, sie wringen, sie wringen immerzu.
    Sie hängen, sie hängen, sie hängen immerzu.
    Sie legen, sie legen, sie legen immerzu.
    Sie plätten, sie plätten, sie plätten immerzu.
    Sie essen, sie essen, sie essen immerzu.

Sie trinken, sie trinken, sie trinken immerzu.
Sie tanzen, sie tanzen, sie tanzen immerzu.
(Wir stehen im Kreis und bewegen uns nach den Worten. Wenn man sich zwischen den einzelnen Tätigkeiten wieder anfaßt, wird die Kreisrundung gewahrt.
Wenn die Wäsche aufgehängt wird, kann noch zusätzlich ein Kind die Sonne [Arme über dem Kopf als Kreis] und ein anderes Kind den Wind [läuft fauchend und blasend um den Kreis] darstellen. Obwohl der Text dieses Spiels hoffnungslos veraltet ist, kommt gerade dieses Kreisspiel bei behinderten Kindern sehr gut an. Die Melodie ist einfach, und es lassen sich die einzelnen Tätigkeiten köstlich darstellen. Eventuell lassen sich die „Waschfrauen" durch „Hausfrauen" ersetzen.)

Wer will fleißige Handwerker sehn ∗∗ O O

Wer will fleißige Handwerker sehn,
Der muß zu uns Kindern gehn.
Stein auf Stein, Stein auf Stein,
Das Häuschen wird bald fertig sein.
(Ein Spieler steht in der Mitte des Kreises als Maurer. Er zeigt, wie die Steine aufeinander gemauert werden. Dann wiederholen alle den Vers und mauern gemeinsam. Das Dach wird mit den Händen als spitzer Winkel gebildet)
Setzet ein, setzet ein,
Der Glaser setzt die Scheiben ein.
(Einer, und dann wir alle sind nun Glaser und setzen Fensterscheiben ein)
Tauchet ein, tauchet ein,
Der Maler streicht die Wände fein.
(In der Farbe rühren und pantomimisch alles anstreichen macht besonderen Spaß)
Tauchet ein, tauchet ein,
Der Maler streicht die Decke fein.
(Nun kommt der Pinsel auch noch über den Kopf)
Zisch, zisch, zisch, — zisch, zisch, zisch,
Der Tischler hobelt blank den Tisch.
(Nun wird gehobelt, daß die Späne fliegen)
Poch, poch, poch, — poch, poch, poch,
Der Schuster schustert zu das Loch.
(Nun sind wir alle Schuster)
Stich, stich, stich — stich, stich, stich,
Der Schneider näht ein Kleid für mich.
(Das Umgehen mit der Nadel und mit Zwirn wird nun dargestellt)
Rühre ein, rühre ein,
Der Kuchen wird bald fertig sein.
(Hier sind die Mädchen besonders geschickt, obwohl die Jungen nicht nachstehen wollen)
Hopp, hopp, hopp, — hopp, hopp, hopp,
Wir tanzen alle im Galopp.
(Und damit endet das Spiel sehr ausgelassen)

Wollt ihr wissen, wollt ihr wissen? ✱✱○○

Wollt ihr wissen, wollt ihr wissen,
Wie's die kleinen Mädchen machen?
Püppchen wiegen, Püppchen wiegen,
Alles dreht sich herum.

Wollt ihr wissen, wollt ihr wissen,
Wie's die kleinen Buben machen?
Peitschen knallen, Peitschen knallen,
Alles dreht sich herum.

Wollt ihr wissen, wollt ihr wissen,
Wie's die großen Mädchen machen?
Knickschen machen, Knickschen machen,
Alles dreht sich herum.

Wollt ihr wissen, wollt ihr wissen,
Wie's die jungen Herren machen?
Hut abnehmen, Hut abnehmen,
Alles dreht sich herum.

Wollt ihr wissen, wollt ihr wissen,
Wie's die alten Frauen machen?
Strümpfe stricken, Strümpfe stricken,
Alles dreht sich herum.

Wollt ihr wissen, wollt ihr wissen,
Wie's die alten Herren machen?
Zeitung lesen, Zeitung lesen,
Alles dreht sich herum.

(Die Kinder gehen langsam singend im Kreis herum. Bei den Antworten drehen sich alle nach innen und führen die textentsprechenden Bewegungen aus. Oft reicht es bei behinderten Kindern völlig aus, wenn man sich für die einzelnen Tätigkeiten von seinem Platz erhebt. Die Texte lassen sich nach eigenen Ideen fast unendlich variieren und kommen deshalb dem Beharrungswunsch der behinderten Kinder stark entgegen, z. B.
Kaffee trinken — Tabak rauchen — Kaffee mahlen — Händeklatschen — Nase bohren — Tränen weinen — Wurst abschneiden — Bleistift spitzen — Roller fahren — Auto fahren — Bretter sägen — Nägel klopfen — Geige spielen usw.)

Ich bin ein dicker Tanzbär ✱○○

Ich bin ein dicker Tanzbär
Und komme aus dem Wald.
Ich such' mir eine Freundin
Und finde sie auch bald.
Und wir tanzen hübsch und fein
Von einem auf das andre Bein.

(Der dicke Tanzbär geht im Kreis herum und sucht sich seine Freundin — oder seinen Freund. Dann tanzen beide herum. Er führt seine

Freundin wieder auf ihren Platz und geht selbst zu seinem Platz zurück. Nun darf ein anderer Tanzbär sein)

Es geht eine Zipfelmütz ✳︎✳︎✳︎ O O

    Es geht eine Zipfelmütz
    In unserem Kreis herum.
    Dreimal drei ist neune,
    Du weißt ja, wie ich's meine,
    Dreimal drei und eins ist zehn,
    Zipfelmütz bleib stehn!
    Sie rüttelt sich,
    Sie schüttelt sich,
    Sie wirft die Beine hinter sich.
    Jetzt klatscht sie in die Hand.
    Wir beide sind verwandt.

    oder:

Es tanzt ein Bi-Ba-Butzemann ✳︎✳︎ O O

    Es tanzt ein Bi-Ba-Butzemann
    In unserm Kreis herum.
    Er rüttelt sich,
    Er schüttelt sich,
    Er wirft sein Säckchen hinter sich.
    Es tanzt ein Bi-Ba-Butzemann
    In unserm Kreis herum.
    (Mit einem spitzen Papierhut und einem Säckchen geht ein Spieler im Innern des Kreises herum. Er schleicht, tanzt, springt usw.)

Mein rechter Platz ist leer ✳︎ O O

    Mein rechter Platz ist leer,
    Ich wünsche mir den Ingo her!
    (Jeder ist einmal dran. Er darf sich einen Mitspieler neben sich wünschen)

Guten Morgen, ihr Beinchen ✳︎✳︎ O O

    Guten Morgen, ihr Beinchen,
    Wie heißt ihr denn?
    Ich heiße Hampel!
    Und ich heiße Strampel!
    Ich bin das Füßchen Übermut,
    Und ich das Füßchen Tunichtgut.
    Übermut und Tunichtgut
    Gingen auf die Reise,
    Patschten durch die Sümpfe,
    Naß sind Schuh und Strümpfe.
    Guckt die Katze um die Eck',
    Laufen beide Beinchen weg.
    (Die Beine und die Füße werden zunächst einzeln vorgestellt. Dann

beginnt die Reise, wobei man richtig patschen kann. Wenn dann der Spielleiter selbst die Katze darstellt, laufen alle schnell wieder zu ihrem Platz zurück)

Alle meine Entchen ✱ O

Alle meine Entchen
Schwimmen auf dem See, schwimmen auf dem See,
Köpfchen in das Wasser,
Schwänzchen in die Höh'.
(Wir ahmen alle Entchen nach)
Alle meine Püppchen,
Emmi und Marie, Emmi und Marie,
Schlafen in der Wiege,
Bis ich wecke sie.
(Wir halten die Arme so vor uns, als würden wir ein Püppchen wiegen)
Alle meine Bleisoldaten
Kommen anmarschiert, kommen anmarschiert,
Rechts ist die Kaserne,
Links ist das Quartier.
(Wir stellen alle Soldaten mit zackigen Bewegungen und zackigem Kopfwenden dar)
Alle meine Täubchen
Sitzen auf dem Dach, sitzen auf dem Dach.
Klatsch ich in die Hände:
Klipp, klapp, klipp, klapp,
Sind sie alle wach.
(Wir schlafen erst, dann klatschen wir laut los)
Hätt' ich einen Pfennig,
Könnte das wohl sein! Könnte das wohl sein!
Kauft ich mir 'ne Zuckerstange,
Hm, wie schmeckt die fein!
(Wir lutschen an einer imaginären Zuckerstange)

Wulle, wulle Gänschen ✱ O

Wulle, wulle Gänschen,
Wackelt mit dem Schwänzchen.
Wißt ihr denn auch, wer ich bin?
Ich bin die Frau Königin,
Ihr seid meine Kinder gi ga gack.
(Hier stellt sich der Spielleiter in den Kreis und holt sich die einzelnen Gänschen dazu)

Und du meine Blaue,
Und du meine Graue.
Und du mit dem langen Zopf,
Und du mit dem Wuschelkopf,
Und du schwarzer Peter, gi ga gack.
(Immer mehr Kinder kommen hinzu)

Seht ihr alle Fünfe
Ohne Schuh und Strümpfe?
Hei, wie ist das Leben schön,
Wenn die Gänslein barfuß gehn
Freun sich alle Kinder, gi ga gack.
(Alle gehen hintereinander her, dabei kann der Entengang sogar ein bißchen probiert werden)

Schnibel, schnabel, schnäbel,
Kommt der Herbst mit Nebel,
(Die Gänse ducken sich)
Gänsebraten, Gänsefett,
Weiche Federn für das Bett,
Freun sich alle Kinder, gi ga gack.
(Alle Kinder laufen wieder auf ihren Platz zurück und schlagen den Rhythmus mit den Händen)

Alle Leut', alle Leut' * O O

Alle Leut', alle Leut'
Stehen früh auf.
Langschläfer aufgewacht,
Draußen die Sonne lacht.
Alle Leut', alle Leut'
Stehen früh auf.
(In diesem Spiel sitzen wir zunächst ganz faul auf unseren Plätzen und schlafen. Nach und nach werden wir munter. Wir gähnen, reiben uns die Augen ... und zum Schluß marschieren wir im Kreis hintereinander her und singen dazu)

Wer hat heut rote Schuhe an? * O

Das Spiel „Wer im Januar geboren ist" läßt sich mit behinderten Kindern nur schlecht spielen, weil die Geburtsdaten bei den wenigsten abrufbar sind. Hier sind einige spielbare Variationen:

Wer hat heut rote Schuhe an,
Tritt ein, tritt ein, tritt ein.
Er dreht sich einmal rundherum
So fein, so fein, so fein..
Viderallala, viderallala, viderallalalala.
Viderallala, viderallala, viderallalalala.
Wer hat heut braune Schuhe an ...
Wer hat heut schwarze Schuhe an ...
Wer hat ein weißes Taschentuch ...
Wer hat ne grüne Jacke an ...
Und wer hat weiße Strümpfe an ...
Wer hat nen Scheitel auf dem Kopf ...
Und wer hat einen langen Zopf ...
Wer ist heut ganz besonders nett ... usw.
(Mit dem Gesicht zur Mitte stehen die Spieler im Kreis. Die einzelnen durch den Text besonders angesprochenen Kinder kommen in

die Mitte und tanzen entweder allein, paarweise oder in einem kleinen Kreis. Die übrigen Kinder klatschen dazu in die Hände)

Häschen in der Grube ✱ O O

Häschen in der Grube
Saß und schlief, saß und schlief.
Armes Häschen, bist du krank,
Daß du nicht mehr hüpfen kannst?
Häschen hüpf! Häschen hüpf!
(Das Häschen sitzt still im Kreis, während die anderen um es angefaßt herumwandern. Erst zum Schluß hüpft das Häschen eilig davon und auf ein anderes Kind zu, das nun das Häschen sein darf)

Die Tiroler sind lustig ✱ O O

Die Tiroler sind lustig,
Die Tiroler sind froh.
Sie verkaufen ihre Betten
Und schlafen auf Stroh.
Erst dreht sich das Weibchen,
Dann dreht sich der Mann,
Dann fassen sich beide
Und tanzen zusamm' Rudirudirallala.
(Im Kreis gehen wir lustig herum und singen dazu. Wenn sich der Mann drehen soll, drehen sich alle Jungen. Wenn sich das Weibchen drehen soll, drehen sich alle Mädchen. Dann fassen sie sich an den Händen und tanzen zusammen)

Männchen, Männchen, geig' einmal ✱ O O

Männchen, Männchen, geig' einmal,
läßt uns alle tanzen.
Hat ein buntes Röckchen an,
Ringsherum mit Fransen.
(Der Geiger steht in der Mitte des Kreises, während alle anderen um ihn herumhopsen. Nach einer Weile darf ein anderer Geiger sein)

Ringel, Ringel, Rosen ✱ O O

Ringel, Ringel, Rosen,
Schöne Aprikosen,
Veilchenblau, Vergißmeinnicht,
Alle Kinder setzen sich.
Kikeriki!
(Die Kinder gehen singend im Kreis herum. Bei „Kikeriki" setzen sie sich alle in die Hocke. Ganz ähnlich: Ringel, Ringel, Reihe, sind der Kinder dreie. Sitzen unterm Hollerbusch, rufen alle: Husch! Husch! Husch!)

Schwesterchen, komm tanz mit mir ✱✱ O O O

Schwesterchen, komm tanz mit mir,
Beide Hände reich ich dir.
Einmal hin, einmal her,

Rundherum, das ist nicht schwer!
Mit dem Köpfchen nick, nick, nick,
Mit dem Köpfchen nick, nick, nick.
Einmal hin . . . .
Mit dem Fingerchen tick, tick, tick,
Mit dem Fingerchen tick, tick, tick,
Einmal hin . . .
Mit den Füßchen trapp, trapp, trapp,
Mit den Füßchen trapp, trapp, trapp,
Einmal hin . . .
Ei, das hast du gut gemacht!
Ei, das hätt' ich nicht gedacht!
Einmal hin . . .
Noch einmal das schöne Spiel,
Weil es uns so gut gefiel!
Einmal hin . . .
(Es empfiehlt sich, dieses bekannte Lied in der hier vorgestellten Form zu singen, weil dann kein Wechsel der Bewegungen in den einzelnen Strophen vorgenommen werden muß. Das zweimalige Singen der einzelnen Bewegungen macht besonders geistig behinderten Kindern großen Spaß.
Die Kinder stehen sich in zwei Reihen gegenüber. Manchmal gelingt es, daß zuerst immer die eine Reihe, dann die andere Reihe singt und dazu die passenden Bewegungen ausführt. Es macht aber auch den gleichen Spaß, wenn alle zusammen singen.)

Als ich einmal reiste   * * O

Als ich einmal reiste
In das Sachsen-Weimar-Land,
Da war ich der Kleinste,
Das ist der Welt bekannt!
Rummeldummelraudidera, rummeldummelraudidera,
Da war ich der Kleinste,
Das ist der Welt bekannt.
(Wir zeigen, wie klein wir sind. Beim Refrain klatschen wir alle in die Hände)
Als ich wieder kommen
In unser Dorf hinein,
Da schaute meine Mutter
Aus ihrem Fensterlein.
Rummeldummel . . . .
(Wir öffnen ein imaginäres Fenster und schauen hinaus)
Ach, Söhnchen, liebes Söhnchen,
Dein Aussehn, das gefällt mir nicht!
Zerrissen ist dein Höschen!
Zerkratzt ist dein Gesicht.
Rummeldummel . . .
(Wir stellen alle die empörte Mutter dar und zeigen, was alles beschädigt ist, am eigenen Körper an)

Ach, Mutter, liebe Mutter,
Hör auf mit deiner Weinerei!
An Röcklein, Hos' und Futter
Sparst du die Flickerei!
Rummeldummel . . .
(Wir wehren ab und zeigen, was die Mutter alles sparen kann)
Die Mutter geht zur Küche
Und kocht mir Nudeln mit Sauerkraut,
Stopft mir Hemd und Höschen,
Bin herrlich anzuschaun!
Rummeldummel . . .
(Jetzt wird gerührt, gekocht und gestopft, daß es nur so eine Art hat)

Große Uhren gehen   ∗ O

Große Uhren gehen:
Tick-tack, tick-tack.
Kleine Uhren gehen:
Ticke-tacke, ticke-tacke
Und die kleinen Taschenuhren:
Ticketacketicketacketack!
(Zuerst lassen wir die Arme ganz langsam ausschwingen, dann doppelt so schnell. Mit ganz kleinen Bewegungen werden dann die Taschenuhren nachgeahmt. Man kann auch den ganzen Körper pendeln lassen)

Eisenbahn von nah und fern   ∗∗ O O

Eisenbahn von nah und fern,
Dich sehn alle Kinder gern.
Nimm mich mit, nimm mich mit,
nimm mich mit!
(Der Stationsvorsteher kann dazu pfeifen. Dann nehmen wir den Vordermann wieder bei den Schultern und fahren hintereinander her. Man kann auch mit den Armen die Bewegungen der Pleuelstange nachahmen)

Ich bin 'ne kleine Schnecke   ∗ O O

Ich bin 'ne kleine Schnecke
Und keine Maus,
Ich rühr mich nicht vom Flecke
Und kann nicht raus,
Spazier hier nie allein,
Es muß schon einer bei mir sein.
Volker, Volker, Volker soll es sein;
Komm zu mir in den Kreis herein!
(Die Schnecke steht in der Kreismitte. Die Spieler ziehen angefaßt im Kreis um sie herum. Die Schnecke wählt nun ein Kind nach dem anderen aus, bis die Schnecke immer größer wird, und alle Kinder zu ihr gehören. Schon ist ein neuer Kreis gebildet. Es braucht nur wieder eine Schnecke in die Mitte gestellt zu werden)

Wir sind die Musikanten ✶✶ O O

    Wir sind die Musikanten
    Und kommen aus Schwabenland.
    Wir sind die Musikanten
    Und kommen aus Schwabenland.
    (Wir verneigen uns nach allen Seiten)

    Wir können spielen!
    Wir können spielen!
    Auf der Gitarre!
    Auf der Gitarre!
    Plumplumplum plum plum
    Plumplumplum plum plum
    Plumplumplum plum plum
    Plum plum.
    (Wir spielen pantomimisch auf der Gitarre)

.. Auf der Geige ... lalala la la

    .. Auf der Geige ... lalala la la
    .. Auf der Flöte ... tütütü tü tü
    .. Auf der Trompete ... tätätä tä tä
    .. Auf der Mundharmonika ... mmm m m
    .. Auf der Trommel ... bumbumbum bum bum
    .. Auf dem Klavier usw.
    (Jeweils werden die Instrumente angedeutet und entsprechende Töne und Worte gebildet)

Tut! Das Auto kommt! ✶ O O

    Tut! Das Auto kommt!
    Tut! Tut! Tut!
    Es rattert eine Strecke,
    Dann fährt es um die Ecke!
    Tut! Das Auto kommt!
    Tut! Tut! Tut!
    (Jeweils zwei Kinder stellen ein Auto dar. Dabei hält ein Kind die Hände nach hinten und faßt ein anderes Kind an, das ihm die Hände entgegenstreckt)

Teddy, Teddy dreht sich um ✶ O

    Teddy, Teddy dreht sich um.
    Teddy, Teddy macht sich krumm.
    Teddy, Teddy hebt ein Bein.
    Teddy, Teddy, das ist fein.
    (Die Kinder stehen im Kreis und führen die Bewegungen aus, die der Text ihnen abverlangt. Die letzte Zeile wird gleichmäßig geklatscht)

Morgen woll'n wir Schlitten fahren, ✶✶ O O

    Morgen woll'n wir Schlitten fahren,
    Morgen um halb neune
    Spann ich meinen Schimmel an,

>Fahre ganz alleine.
>Ganz alleine fahr ich nicht,
>Nehme mir den Peter (die Uschi) mit.
>(Die Kinder gehen im Kreis. Ein Kind geht um den Kreis herum. Wenn die Zeile „Nehme mir den ... mit" gesungen wird, tippt es das Kind an, das in seiner Nähe steht. Dieses Kind darf sich nun anhängen. Bei der nächsten Runde darf ein drittes Kind mitfahren. Das geht so lange, bis der Kreis aufgelöst ist und alle mit dem „Schlitten" fahren)

Ganz ähnlich wird folgendes Spiel gespielt. Auch hier hängt sich das Kind, das mit Namen gerufen wird, an. Manchmal ist es gut, vor der jeweiligen Strophe genau den Namen des Kindes zu sagen, das sich nun anhängen darf. Dann können alle Spieler diesen Namen mitsingen.

Wir treten auf die Kette ✶✶ O O

>Wir treten auf die Kette,
>Daß die Kette klingt.
>Wir haben einen Vogel,
>Der für uns schön singt.
>Singt so klar wie ein Star,
>Hat gesungen sieben Jahr.
>Sieben Jahr sind um,
>Doris (Ingo) dreht sich um.

Als ich auf ein Berglein ging ✶✶ O

>Als ich auf ein Berglein ging,
>Begegnet mir ein Spielmann,
>der macht so, der macht so,
>der macht so so so so so.
>(Wir singen im Kreis. Die Bewegungen einzelner Berufe, die hier beliebig einzusetzen sind, werden nachgeahmt, z. B. Tischler, Maurer, Schuster, Lehrer, Bäcker, Fahrer, Kaufmann, Eisenbahner, Straßenkehrer)

Die Mühle geht langsam ✶✶ O O

>Die Mühle geht langsam,
>Die Mühle geht langsam;
>Aber wenn der Müller kommt,
>Dann dreht sie sich sehr schnell.
>(Dieses Spiel bietet verschiedene Variationsmöglichkeiten. So kann man die Hände als Windmühlenflügel benutzen und nach dem Spieltext schnell und langsam drehen lassen. Es können sich auch zwei Kinder an beiden Händen halten [eventuell sogar Kreuzfassung] und sich in verschiedenem Tempo zu dem Lied drehen)

Im Garten steht ein Blümelein ✶ O

>Im Garten steht ein Blümelein,
>Vergißmeinnicht, Vergißmeinnicht,
>Und wen ich hier am liebsten hab,
>Dem winke ich, dem winke ich.
>(Die Kinder gehen im Kreis um ein Kind herum. Das Kind winkt ein

Kind nach dem anderen zu sich heran. Dann wird wieder ein neuer Kreis gebildet)

Der Kasper ist ein lustger Mann ✶✶ O O

Der Kasper ist ein lustger Mann,
Schaut alle einmal her,
Er ist aus Holz, und darum fällt's
Marschieren ihm so schwer.
Er ist aus Holz, und darum fällt's
Marschieren ihm so schwer.
Die Zipfelkapp wippt auf und ab,
Wenn er den Kopf bewegt,
Und wer nicht weggeht, fühlt einen Schlag,
Wenn er die Arme hebt.
Auch tanzen kann der Hampelmann
Im Takte schon recht gut,
Doch faßt ihn nur mit Vorsicht an,
Sonst geht er noch kaputt.
(Wir gehen im Kreis und ahmen die ungelenken Bewegungen des Kaspers nach. Dann zeigen wir mit den Händen auf dem Kopf die Zipfelkappe an und neigen uns abwechselnd nach links und rechts. Sogar mit der Schulter läßt es sich stoßen. Danach hüpfen wir zum Hampelmanntext. Wenn der Kasper „kaputt" ist, lassen wir Oberkörper und Arme schlaff nach vorn fallen)

Kätzchen will die Maus erwischen ✶✶ O O O

Kätzchen will die Maus erwischen,
Springt schnell über Bänk und Tische.
Husch, husch, husch,
Husch, husch, husch,
Mäuschen, Mäuschen, husch, husch, husch.
(Wir stehen im Kreis mit dem Gesicht zur Mitte und fassen uns an den Händen. An einigen Stellen ist der Kreis nicht geschlossen. Die „Maus" befindet sich im Innern des Kreises, die „Katze" außen. Nun versucht die Katze, die Maus zu fangen. Katze und Maus müssen sich sehr leise bewegen. Wir singen deshalb auch leise)

Eine ganze Reihe bekannter und weniger bekannter Verse finden sich in der nachfolgenden Übersicht. Neben Wortreimen, Reimen, Sprechspielen, Spielen zum Sprechen und Singen sind Abzählreime, Fingerspiele und Kreisspiele mit Notenbeilagen in diesen Büchern zu finden. Bilderbücher, die geistig behinderte Kinder besonders stark ansprechen, werden gesondert aufgeführt.

Beim Auswählen ist stets darauf zu achten, daß die einzelnen Reime usw. dem geistigen Fassungsvermögen der behinderten Kinder entsprechen. Oft lassen sich bei einzelnen Gedichten oder Spielen nur sorgfältig ausgewählte Reimzeilen verwenden. Manchmal kann nach einer Zeit auf vorhandenem Versgut wieder aufgebaut werden.

Wortumstellungen und Wortveränderungen sind im Interesse des Verständnisses durchaus erlaubt.

	Wortreime, Sprechspiele, Reime, Sprechen u. Singen	Abzählreime	Fingerspiele	Kreisspiele	Bücher für den erwachsenen Spielleiter	Bilderbücher für die Spieler
Arnim Brentano: Des Knaben Wunderhorn	x	x	x	x	x	
Walendy: Lirum larum Löffelstiel	x	x	x	x	x	x
Kühn: Macht auf das Tor — Alte deutsche Kinderlieder, Reime, Scherze und Scherzspiele —	x	x	x	x	x	
Enzensberger: Allerleirauh — Viele schöne Kinderreime —	x	x	x	x	x	
Goldbeck: Kreisspiele für die Kleinen	x			x	x	
Minck: Ri-Ra-Rutsch — Kinderreime und Kinderlieder aus aller Welt —	x	x	x	x	x	
Lotz/Krenzer: Da lacht der dicke Bär	x	x	x	x	x	
Singer u. a.: Kommt herbei zum großen Kreis	x	x		x	x	
Endres: Jahreskreis und Kinderjahr	x			x	x	
Keller/Kromp: Der Sonnenkäfer	x			x	x	
Janosch: Rate mal, wer suchen muß	x	x			x	x
Guggenmos: Was denkt die Maus am Donnerstag	x	x	x		x	
Losch: Komm spiel mit mir	x		x	x	x	
Fujikawa/Könner: Friedel mit der Fiedel	x	x	x	x	x	x
Bull: Katzen — Kinderreime —	x				x	x
Scapa: Tierverse	x				x	x
Scapa: Kinderverse von nah und fern	x	x			x	x
Wölfel: Schlaflieder	x				x	x
Blecher: Kunterbunte Wunder	x				x	x
Zabransky: Das goldene Tor	x	x	x	x	x	x
Kuhn: Über Stock und Stein	x	x	x	x	x	x
Hille-Brandts: Wenn ich ein kleiner Däumling wär	x				x	x
Rubin: Drei Reiter zu Pferd	x				x	x
Krüss: 3×3 an einem Tag	x				x	x
Stevenson: Mein Königreich	x				x	x
Lotz/Krenzer: Kommt alle her	x	x	x	x	x	
Metzger: Das Liederkarussell	x	x	x	x	x	x
Ende: Das Schnurpsenbuch	x				x	x
Krüss: So viele Tage wie das Jahr hat	x				x	
George/Hänsel: Ans Fenster kommt und seht	x				x	x
Krenzer: Apfel bis Zwiebel	x				x	x
Dirx: Kinderreime	x	x	x	x	x	
Frischauer: Knaurs Kinderlieder der Welt	x	x	x	x	x	

Rollenspiele

Alle Kinder spielen gern Theater. Behinderte Kinder finden in diesem Spiel besondere Freude, weil sie sich — wenn auch oft nur für eine sehr begrenzte Zeit — in einzelne Rollen hineinleben können.
Die Übernahme einer Rolle sollte sehr einfach beginnen und erst ganz allmählich vom Schwierigkeitsgrad her gesteigert werden. Oft ist das Beharren, das immer wiederholende Spielen einer einzelnen Rolle, für das behinderte Kind von entscheidender Wichtigkeit.

Wir spielen Tiere * O O

Spieldauer: 2 bis 5 Minuten   Spieler: 2 bis 6
Wir gehen auf allen Vieren und bellen dazu. So stellen wir Hunde dar.
Wir schleichen, wir schnurren wie die Katze und strecken unsere Krallen aus.
Wir hüpfen wie ein Frosch.
Wir setzen die Hände an den Kopf (Ohren) und hopsen wie ein Hase.
Wir breiten unsere Arme aus und fliegen wie ein Vogel mit lautem „Piep, piep" durch das Zimmer.
Mit den Armen deuten wir einen Rüssel an. Wir sind Elefanten und trompeten laut.
Wir üben mit Armen und Beinen lustige Bewegungen wie ein Affe aus.
Wir spreizen uns und krähen wie ein Hahn.
Alle diese sehr einfachen Rollenspiele lassen sich auch von stärker körperbehinderten Kindern ausführen. Hier darf der Spielleiter helfend eingreifen. Manchmal gelingt es auch, eine typische Bewegung des einzelnen Tieres mit einer angedeuteten Geste darzustellen oder das betreffende Tier nur mit der Stimme nachahmen zu lassen.
Reizvolle Ratespiele lassen sich hier anschließen.

Tätigkeiten nachahmen * O

Spieldauer: 2 bis 5 Minuten   Spieler: 2 bis 6
Der Zeigefinger ist die Zahnbürste. Wir spielen „Zähneputzen".
Mit den gespreizten Fingern „kämmen" wir uns.
Die Hand stellt den Waschlappen dar. Wir waschen und baden uns. Mit der Hand stellen wir pantomimisch dar, daß wir den Wasserkran auf- und zudrehen, daß wir die Seife benutzen.
Wir putzen mit einer imaginären Bürste die Schuhe.
Wir ziehen uns imaginäre Strümpfe an, außerdem die Schuhe, die wir anschließend noch binden.
Wir schlafen und schnarchen. Dann lassen wir uns vom Wecker wecken.
Wir decken den Tisch (Tischtuch, Kaffeekanne, Tassen, Teller, Marmelade, Käse, Wurst).
Hierbei können beispielsweise die unterschiedlichen Gerüche von Kaffee und Käse mimisch dargestellt werden. Das Spiel „Wir decken den Tisch" eignet

sich vorzüglich als Gemeinschaftsaufgabe. Jeder bekommt einen besonderen Auftrag. Er muß seinen Gegenstand imaginär richtig auf dem Tisch unterbringen.
Zunächst werden alle Tätigkeiten vom Spielleiter vorgestellt und von den Spielern wiederholt. Sehr oft bringen hierbei die Spieler selbst einzelne Einfälle. Diese werden von der Spielrunde aufgenommen und wiederholt.

Tätigkeiten benennen und nachahmen   E∗∗O

Spieldauer: 2 bis 5 Minuten   Spieler: 2 bis 8
Schwerer wird es, wenn der Spielleiter nur die Tätigkeit nennt, sie aber nicht selbst vorführt. Wer sie am ähnlichsten pantomimisch vorstellt, darf die nächste Tätigkeit nennen.

Was passiert in unserer Stadt   E∗∗O
oder *Was passiert in unserem Dorf*

Spieldauer: 2 bis 8 Minuten   Spieler: 2 bis 6
Wir zeigen die Tätigkeiten pantomimisch auf, die die Hausfrauen täglich ausführen:
       Putzen — Fensterputzen — Bügeln — Kochen — Kartoffelschälen usw.
Wir zeigen den Vater in typischen Tätigkeiten:
       Auto waschen — Zeitung lesen — Basteln — Reparieren usw.
Wir stellen einzelne Berufe pantomimisch dar:
       Der Verkäufer — Der Schneider — Der Schuster — Der Schornsteinfeger — Der Autofahrer — Der Anstreicher — Der Koch — Die Sekretärin (mit Schreibmaschine) — Der Musiker — Der Maler — Der Lehrer — Der Frisör — Der Tankwart.
Diese Spiele lassen sich in ihrer Variationsbreite und in ihrer Leistungsanforderung beträchtlich steigern, wenn das behinderte Kind aufgefordert wird, aus einer Gesamtsituation eine Einzelheit selbst herauszufinden und darzustellen. Das setzt allerdings voraus, daß das Sprachverständnis so weit entwickelt ist, daß die Aufforderung tatsächlich richtig erkannt wird.

Zeige es uns   ∗∗O

Spieldauer: 2 bis 10 Minuten   Spieler: 2 bis 6
Zeige uns, was in der Küche gearbeitet wird   ∗∗O
Das Schlafzimmer wird aufgeräumt   ∗∗O
Was findet man alles auf dem Speicher   ∗∗OO
Was passiert auf der Straße   E∗∗OO
In der Badeanstalt   E∗∗OO
Arbeiten im Garten   E∗∗OO
Im Zugabteil   E∗∗OO
Eine Turnstunde   ∗∗OO
Stelle verschiedene Berufe dar   E∗∗OO

Lieblingsspiele der Mädchen (Seilspringen, Puppenwagen schieben usw.)
 ✻ ✻ O O
Lieblingsspiele der Jungen (Cowboys, Indianer, Ball treten usw.) ✻ ✻ O O
Spiele auf der Straße (Roller fahren, Dreirad fahren usw.) ✻ ✻ O O
Im Winter (Rutschen, streuen, rodeln, Skilauf, Eislauf, Schneeballschlacht)
 E ✻ ✻ O O
Im Frühling (Pflanzen, Arbeit im Garten) E ✻ ✻ O O
Im Herbst (Ernte, Drachensteigen) E ✻ ✻ O O
Im Sommer (Baden, Spaziergang) E ✻ ✻ O O
Ostern (Eier malen, Eier suchen) E ✻ ✻ O O
Weihnachten (Geschenke verpacken, Tannenbaum aufstellen und schmücken,
Kerzen anstecken und auspusten, Geschenke auspacken) E ✻ ✻ O O
Geburtstag (Gratulieren, Geschenke, Kuchen essen) E ✻ ✻ O O

Es zeigt sich, daß kurze Szenen, die das Erleben der täglichen Umwelt beinhalten, immer wieder gern dargestellt werden. Im Gegensatz zu den zuerst vorgestellten Spielen sollen die einzelnen Tätigkeiten hier nun in eine — wenn auch oft nur winzige — Szene gestellt werden. Die Szenenauswahl ist groß, allerdings in ihrem Schwierigkeitsgrad verschieden. Es bleibt dem Erzieher überlassen, einzelne Szenen nach den individuellen Fähigkeiten und Möglichkeiten geistiger und körperlicher Art auszuwählen und vorzuschlagen.

Am Morgen E ✻ ✻ O O

Spieldauer: 2 bis 10 Minuten   Spieler: 2 bis 6

Das Kind schläft. Es wird von der Mutter geweckt. Es ist noch müde und will noch nicht aufstehen. Dann setzt es sich endlich doch im Bett auf. Es sucht seine Hausschuhe. Es wäscht sich, putzt die Zähne, zieht sich an und geht zum Frühstückstisch.
Jede der hier aufgeführten Tätigkeiten kann einzeln dargestellt werden. Reizvoll ist es, wenn eine Szene versehentlich ausgelassen wird und nun von den anderen bemerkt und eventuell nachgespielt werden kann.
In dieser Szene ist auch ein Dialog möglich:
„Guten Morgen, Susanne! Du mußt aufstehen!"
„Ich will noch nicht!"
„Es ist Zeit!"
„Ich bin noch so müde!"
„Wir warten mit dem Frühstück auf dich!"
„Ich komme gleich!"
„Brr, ist das Wasser kalt!"
„Wo sind denn meine Schuhe?"
„Wo ist denn meine Hose?" usw.

Das Frühstück ✻ ✻ O O

Spieldauer: 2 bis 5 Minuten   Spieler: 2 bis 4

Die verschiedenen Tätigkeiten beim Frühstücken werden pantomimisch ausgeführt. Auch hier erleichtern kleine Dialoge die pantomimische Darstellung und

das Zusammenspiel erheblich. Gleichzeitig werden einige Umgangsformen geübt:
„Gibst du mir einmal die Butter?"
„Ich habe keinen Kakao."
„Kann ich bitte eine Scheibe Brot haben?"
Weitere Themen bieten sich an:

Auf dem Weg zum Kindergarten	✶✶ O O
Der Schulweg	✶✶ O O
Fahrt mit dem Schulbus	✶ O
Im Kindergarten	✶✶ O
In der Schule	✶✶ O

(Verschiedene Spieler — Einer ist Erzieher — Tafel wischen — Arbeiten)

In der Spielpause	✶✶ O
Das Mittagessen	✶✶ O O
Das Abendessen	✶✶ O O
Kindergeburtstag	✶✶ O O
Meine Lieblingsspiele	✶✶ O O
Auf dem Spielplatz	✶✶ O O

(Verschiedene Kinderbeschäftigungen werden so dargestellt, daß zu erkennen ist, was gespielt wird, z. B. Roller fahren, Spiele mit Murmeln, Ballspiele, Schlitten)

Am Abend ✶✶ O O

(Das Zubettgehen wird dargestellt)

Zuviel Mitleid für Peter E ✶✶✶ O O

(Diese Szene kann das Verhältnis gesunder Erwachsener zu dem behinderten Kind eindringlich verdeutlichen und vermittelt überdies dem Erzieher wichtige therapeutische Einsichten)

Wir kaufen ein ✶✶ O O

Spieldauer: 2 bis 10 Minuten   Spieler: 2 bis 4
Wir kaufen beim Kaufmann ein. Einzelne Gegenstände werden verlangt, betrachtet und bezahlt. Der Kaufmann bedient Waage und Kasse. Er verpackt einzelne Waren. Wir schieben den Einkaufswagen. Wir bezahlen an der Kasse.

Im großen Kaufhaus E ✶✶ O O

Spieldauer: 2 bis 10 Minuten   Spieler: 4 bis 10
An verschiedenen Tischen werden typische Dinge angeboten und pantomimisch und im Dialog verkauft. Besonders reizvoll ist es, wenn sehr verschiedene „Abteilungen" eingerichtet werden, z. B. Süßigkeiten, Metzgerei, Funk- und Fernsehgeräte, Bekleidung, Spielzeug usw.
Hier ist auch die Möglichkeit gegeben, beispielsweise Kinder im Rollstuhl als Käufer von einem Verkaufsstand zum anderen zu bringen.
Das Spielthema „Kaufhaus" läßt sich ebenso gut als „Wochenmarkt" oder als „Weihnachtsmarkt" variieren.

Wir bekommen Besuch ✶✶ O O

Spieldauer: 2 bis 4 Minuten   Spieler: 2 bis 6
Die Großmutter kommt zu Besuch
Ein fremdes Kind kommt zu Besuch
Der Arzt kommt
Der Briefträger kommt
Der Elektriker kommt
Der Nikolaus kommt
Diesen Mann kenne ich nicht
Besonders das Spielen des letzten Vorschlags erscheint wichtig, weil hier eine Situation im Spiel „bewältigt" werden kann, die behinderten Kindern in ihrer täglichen Erlebenswelt oft größte Schwierigkeiten bereitet. Angst, Schamhaftigkeit und Schüchternheit können hier ebenso therapeutisch bewältigt werden wie überstarke Herzlichkeit, Anhänglichkeit oder unkritische Vertraulichkeit.

Wir spielen Zirkus ✶ O O

Spieldauer: 2 bis 5 Minuten   Spieler: 2 bis 6
Einzelne Zirkusnummern werden pantomimisch dargestellt:
Seiltänzer, großes Pferderennen, Löwen und Tiger, Affen, Elefanten, Clowns, Tellerträger, Musiker, Zauberer, Turner usw.
Die einzelnen Nummern lassen sich später gut so zusammenstellen, daß sie zur eigenen Freude einer anderen Gruppe vorgespielt werden können.

Wir spielen im Orchester E ✶ O O

Spieldauer: 2 bis 5 Minuten   Spieler: 2 bis 8
Wir stellen verschiedene Musiker an bekannten Instrumenten dar. Hier lassen sich folgende Spiellieder mit Erfolg verwenden:
Sind wir nicht die Musikanten?
Kommen wir nicht aus Schwabenland?
Sind wir nicht die Musikanten,
In der ganzen Welt bekannt?
Eida dschinga dschinga dschinga täterä, täterä, täterä!
Eida dschinga dschinga dschinga täterä, täterä, täterä!
Wir sind die Musikanten
Und kommen aus Schwabenland.
Wir sind die Musikanten
Und kommen aus Schwabenland.
Wir können spielen!
Wir können spielen!
Auf der Flöte!
Auf der Flöte!
tititi ti ti,
tititi ti ti,
tititititititi.
Hier lassen sich alle Instrumente nach Belieben einsetzen.

Theaterspiel

Wenn behinderte Kinder in sehr kleinen Schritten dazu angeleitet werden, eine — zunächst sehr begrenzte — Rolle zu übernehmen und einem Handlungsablauf in gewisser Weise zu folgen, kann es gewagt werden, zum richtigen Theaterspielen zu kommen.

Das behinderte Kind wird mit der Hilfe des Spielleiters die Forderungen erfüllen lernen, die das darstellende Spiel von ihm verlangt.

a) Die Forderung der Rolle
   Es wird sich in seiner Rolle ausleben. Es wird sich diese Rolle nicht als Rollenmäntelchen umhängen.

b) Die Forderung der Spielsituation
   Es wird im Spiel erkennen, wo es sich befindet und wem es gegenübersteht. Es wird mit seinen Kräften auszudrücken versuchen, ob die Spielsituation beispielsweise in der Wohnung, im Zirkus oder im Märchenwald besteht. Gleichzeitig wird seine Reaktion auf die ihm gegenüberstehende „Hexe" oder die mitspielende „Großmutter" ganz verschieden sein.

c) Die Forderung der Spielhandlung
   Das Kind wird sich mit aller ihm zur Verfügung stehenden Kraft dafür einsetzen, daß es der Spielhandlung in seinem eigenen Spiel folgt. Der Auftrag der Spielhandlung bedeutet für das spielende Kind, daß es an sich selbst, an der Spielsituation und an der Spielhandlung erfährt, welchen Auftrag es ausführen will und im Interesse des Spiels ausführen soll.

In allen Bereichen des darstellenden Spiels wird das gemeinsame Handeln mit den anderen direkt und ohne Einschränkung erlebt. Der einzelne Spieler ist auf den Partner angewiesen, der ihm das Stichwort (mimisch, gestisch oder sprachlich) zur Weiterführung der Handlung gibt. Er selbst aber ist aufgefordert, dem Mitspieler das richtige Stichwort im rechten Augenblick zu geben.

Die Darstellung von Märchen oder Geschichten ist bei Kindern sehr beliebt. Doch sollten behinderte Kinder zunächst nur zum Spielen einzelner Szenen aus diesen Stoffen geführt werden. Es empfiehlt sich, die vorgenommene Geschichte an verschiedenen Tagen mehrmals zu erzählen, so daß die wichtigsten Gegebenheiten dem Kind nach und nach vertrauter werden.

Wenn dann das Spiel beginnt, ist es vornehmste Aufgabe des Spielleiters, darauf zu achten, daß alle Kinder der Spielgruppe eingesetzt werden, so daß kein Spieler übergangen wird und verloren herumsteht. Das bedeutet nicht, daß für eine Gruppe von 6 bis 8 Kindern nur solche Spiele ausgesucht werden müssen, die über 6 bis 8 Personen verfügen.

Wenn beispielsweise zwei Zwerge im Wald dargestellt werden sollen, so werden zwei Spieler mit den Rollen der Zwerge betraut, während die übrigen Kinder unter Anleitung des Spielleiters den Wald mit seinen verschiedenen Bäumen darstellen können.

Wenn Gretel die Hexe in den Backofen schiebt, kann dieser Backofen durchaus von Kindern dargestellt werden.

Das Häuschen des Müllers kann ebenfalls aus „lebendigen" Bausteinen bestehen. Und wenn man Kinder selbst Windmühlen darstellen läßt und sie mit ihren ausgebreiteten Armen im Kreis durch die Luft fahren, ist das viel spielgemäßer und eindrucksvoller als eine steife Pappkulisse.

Im darstellenden Spiel mit behinderten Kindern kommt dem *Spielleiter* eine überragende Funktion zu:
Er muß alle Spieler seiner Gruppe ansprechen und richtig einsetzen.
Er muß auch das zurückhaltende und ängstliche Kind vertrauensvoll so weit führen, daß es das Spiel „wagt".
Körperlich behinderte Kinder müssen so eingesetzt werden, daß sie trotz ihrer Behinderung mitspielen können.
Der Spielrahmen muß vom Spielleiter bestimmt werden.
Außerdem muß der Spielleiter oft als „Erzähler" wirken, indem er nicht spielbare Zwischentexte so gerafft erzählt, daß der einsichtige Zusammenhang erhalten bleibt. Gleichzeitig muß er den einzelnen Spielern das Stichwort geben und über die Spielsituation und Spielhandlung wachen.
Es ist verständlich, daß der Kraftaufwand des Spielleiters beim darstellenden Spiel mit behinderten Kindern erheblich ist. Nicht zuletzt, weil er selbst mitspielt und somit nach den Forderungen des Spiels auch selbst voll psychisch und physisch eingesetzt ist.
Fertig vorproduzierte Texte eignen sich in der Regel nicht für das Theaterspiel behinderter Kinder. Sie sind meist zu umfangreich, zu schwierig und zu starr. Gerade die Improvisation und die Freude am Stegreifspiel kommen hier zu kurz. Auch sind geistig behinderte Kinder von den vorgegebenen Texten restlos überfordert.
Es ist besser, auf einfache Geschichten zurückzugreifen und gemeinsam mit der Spielgruppe einzelne Szenen daraus zu erarbeiten. Unter Umständen kann durch geschickte Verbindung verschiedener Szenen ein wirklich großes Spiel entstehen.
Bekannte Märchen, Märchen mit eindeutigem Handlungsablauf sowie kind- und spielgemäße Umweltgeschichten gibt es in reichhaltiger Auswahl. Die Zusammenstellung am Ende des Kapitels erhebt keinen Anspruch auf Vollständigkeit, sie bietet nur Vorschläge und Anregungen für den Spielleiter, vorhandene Stoffsammlungen zu sichten und zu einem der Spielgruppe gemäßen „Theaterspiel" zu kommen. Dem Spiel angemessene Kürzungen, Streichungen und Umstellungen sind durchaus vertretbar.
Im darstellenden Spiel lassen sich eine große Anzahl der Situationen der nahen und weiten Umwelt erproben, z. B. Einkaufen, Verkehrsverhalten, Kontakte mit anderen Menschen, demokratische Verhaltensweisen usw. Im Spiel können falsche Einstellungen und Verhaltensweisen korrigiert werden. Das Kind lernt Geräte, Spielpartner und Spielgruppe im darstellenden Spiel kennen, lernt sich einzuordnen und gemeinsam mit anderen etwas zu tun. Die Umwelt des Behinderten ist ihm oft unverständlich. Im Schonraum des Spiels wird er in „spielerischer Weise" mit Einzelheiten und Zusammenhängen konfrontiert und direkt zum Handeln aufgefordert. Er beginnt zu begreifen, indem er sich aktiv engagiert. Das mag bei dem primitiven Spiel beginnen, in dem ein Behinderter im Spiel richtig mit dem Telefon umgeht oder einzelne Tätigkeiten im Haushalt nachahmt. Einzelne kurze Szenen lassen sich zu einem ganzen Spiel zusammenstellen, die

auch dem Behinderten wichtige Zusammenhänge verdeutlichen können. Wichtig ist, daß alles Spielen vorrangig für den Behinderten selbst angeregt wird. Wenn ein Spiel klappt, so findet die Gruppe, die sich damit beschäftigt und der einzelne hier echte Freude und Erfüllung. In den seltensten Fällen eignet sich ein solches Spiel mit Behinderten als Theaterspiel, das man einem fremden Publikum vorsetzen kann. So kann ein Theaterspielen mit Behinderten eigentlich nur in der Gruppe selbst geschehen.
Einfache Spielanregungen bieten die Sammlungen „Kommt alle her" (Kemper, Staufen/Brsg.) von Inge Lotz und Rolf Krenzer und „Brülle ich zum Fenster raus" von Karl Friedrich Waechter (Beltz, Weinheim). Während Inge Lotz völlig neue, behindertengemäße Melodien zu sehr einfachen Texten geschrieben hat, hat Waechter die alte Melodie vom „buckligen Männlein" umfunktioniert und mit dreißig neuen Spielideen zum Singen und Spielen ausgestattet. Schallplatte und Fotos geben zusätzliche Hilfen.

Drei Beispiele:

>Lese ich im Bilderbuch,
>will's der Robert lesen —
>jeder zieht am Buch so lang,
>bis es eins gewesen.

>Fahrn wir mit der Eisenbahn
>über Baden-Baden,
>wird ein Wagen angehängt,
>der hat Post geladen.
>
>*(Aus Waechter: Brülle ich zum Fenster raus)*

>GRÜN heißt Gehen,
>GRÜN heißt Gehen,
>wenn wir vor der Ampel stehen.
>Grünes Licht, grünes Licht,
>geht jetzt schnell und wartet nicht!
>Zeigt die Ampel aber ROT!
>Bleibe stehn, schnell bist du tot!
>
>*(Aus Lotz/Krenzer: Kommt alle her!)*

Hier wird der einzelne von dem Spiel gefordert und reagiert spontan und aktionsfreudig. Er regt den Partner zum Mitspielen an und läßt sich in gleicher Weise von ihm mitreißen. So kann durch einen Knopfdruck die Ampel verändert werden (zwei Kinder stehen hintereinander, das eine trägt einen roten, das andere einen grünen Pullover. Wenn die Ampel ROT zeigt, drückt ein Mitspieler dem Kind mit dem roten Pullover auf den Bauch, worauf sich dieses nach hinten stellt und das Kind mit dem grünen Pullover anzeigt, daß alle jetzt weitergehen können). Besonders für die Gestaltung der *Weihnachtsfeier* wird immer wieder nach geeigneten Spieltexten gefragt. In allereinfachster Form läßt sich die Weihnachtsgeschichte von Behinderten spielen, wenn der Text lediglich ein Gerippe darstellt und ganz nach Belieben gekürzt oder erweitert werden kann. Das bedeutet,

daß der wesentliche Teil des gesamten Spiels weniger im Text, sondern in der Aktion liegt. Deshalb nehmen auch hier Lieder, die im Kreis gesungen werden und die die Handlung mittragen, einen wesentlichen Platz ein. Je einfacher beispielsweise die Weihnachtsgeschichte dargestellt wird, je einfacher Handlung und Sprache sind, um so intensiver wird der Inhalt aufgenommen und im Spiel verwirklicht.
Weihnachtsspiele, die mit behinderten Kindern und Erwachsenen ausgearbeitet und erprobt wurden, finden Sie in
Krenzer: Feste und Feiern mit Behinderten
   Kemper, Staufen/Brsg. 1974
Krenzer/Jung: Geschichten zu fünf Bereichen
   Hirschgraben, Frankfurt/Main 1973
Krenzer: Wir zünden eine Kerze an — Wir suchen den Herrn (Dreikönigsspiel) — Weihnachtsmarkt ist heute
alle Buchner, München 1974

Hörspiel

Viele der selbst erarbeiteten Spiele lassen sich durch Einbeziehung zusätzlicher Geräuschmittel auch als Hörspiel bearbeiten.
Es empfiehlt sich in diesem Falle, das Tonband während des Spiels mitlaufen zu lassen und geeignete Szenen und verbindende Texte so zusammenzustellen, daß damit ein gültiges Dokument einer gemeinsamen Leistung entstehen kann.
In ähnlicher Weise lassen sich mit behinderten Kindern auch wirkliche Hörspiele erarbeiten. Hier können die Kinder immer gleich kontrollieren, was sie gesagt haben und wie die einzelnen Geräusche auf den Hörer wirken.
Es können Szenen so lange versucht werden, bis sie wirklich Spieler und Spielleiter in gleicher Weise überzeugen. Anreiz für die Herstellung eines solchen Hörspiels könnte beispielsweise ein Elternabend sein.
Bei der Hörspiel-„Produktion" ist immer darauf zu achten, daß der „technische Apparat" nicht zu aufwendig wird, sondern daß die notwendigen Geräusche mit einfachsten Mitteln hergestellt werden. (Vergleiche hierzu: „Hörspiel in der Schule" (Hirschgraben-Verlag, Ffm). Hier werden einfache Hörspielvorschläge, die auch von Behinderten bewältigt werden können, angeboten.)
Wenn diese Arbeiten Spaß machen, ist es schnell möglich, zu allereinfachsten Hörbildern und Hörspielen zu kommen, die von den Behinderten mit starkem Engagement gestaltet werden. Hierzu eignet sich das Nachahmen von Tierlauten und Geräuschen, aber auch einfache Reime aus bekannten Märchen z. B.

    Knusper, knusper, knäuschen,
    Wer knuspert an meinem Häuschen?
    Der Wind, der Wind,
    das himmlische Kind.

So kann bereits ein erster einfacher Dialog entstehen.
Wenn solche winzigen Sprechsituationen erfolgreich ausgenutzt werden, kann man zu größeren Handlungsabläufen übergehen. Der Vorteil der Bandaufnahme

liegt darin, daß immer nur kleine Szenen aufgenommen werden müssen, die auch von den Behinderten verstanden werden. Das Zusammenfügen von Einzelszenen ergibt dann nach und nach das fertige Spiel. Jede Szene kann beliebig oft gelöscht werden, so daß die endgültig festgehaltene Szene eine optimale Leistung widerspiegelt.

Als Stoffe zur Hörspielbearbeitung mit Behinderten bieten sich sowohl Themen der Umwelt als auch der Fantasiewelt an, wobei naturgemäß wegen ihrer starken Anreize die Figuren aus der Sagen- und Märchenwelt zunächst besonders beliebt sind, z. B. Hexen, Gespenster, Tiere, Riesen, Zwerge. Doch man sollte hier nicht nur einseitig solche Themen anbieten.

Die direkte Umwelt bietet so viele Möglichkeiten, die Anreiz zu einer echten Hörspielsituation bilden, daß man diese nicht ungenutzt lassen sollte. Im Spiel können beispielsweise wichtige Themen aus der Verkehrserziehung, aus dem sozialen und technischen Bereich aber auch aus dem religiösen Bereich ausgearbeitet werden. Auch einzelne Szenen aus Sachbilderbüchern lassen sich akustisch zu einem Hörbild aufbereiten, z. B. Im Krankenhaus, Im Kaufhaus, Am Fahrkartenschalter, Im Zug, Im Auto.

Die Übereinstimmung von optischer und akustischer Darstellung läßt sich am besten mit Dia-Reihen verwirklichen. So haben wir das Märchen vom Däumelinchen, das uns als Farbdia-Reihe (Jünger Verlag, Frankfurt/Main) vorlag, in ein Hörspiel umgewandelt, das dann später zu diesen Lichtbildern vorgestellt werden konnte. Mit technischen Tricks (Einblendung von Musik, Überspielen einzelner Szenen mit Hilfe eines zweiten Tonbandgerätes) entstand eine Aufnahme, die anläßlich eines Elternabends vorgestellt werden konnte. Viele der Mitwirkenden überspielten sich „ihr" Hörspiel auf ihren eigenen Kassettenrecorder und stellen es als Ergebnis der eigenen Anstrengung und Leistung gern ihren Verwandten, Freunden und Bekannten vor.

Maskenspiel

Während man beim darstellenden Spiel weitgehend auf Kostüme und Requisiten verzichten sollte, bietet das Maskenspiel eine eindeutige und typische Maske an, die allerdings nur für bestimmte Spielsituationen zu verwenden ist. Beim darstellenden Spiel reicht das Kopftuch für die Hexe aus, der Soldat benötigt nur einen Helm aus Zeitungspapier, Handschuhe machen schon einen feinen Herrn aus, ein Umhang zeigt den König und ein langer Rock je nach Belieben die Prinzessin oder die alte Frau. Auch die Requisiten sind auf ein Mindestmaß herabzusetzen. So kann ein Kochlöffel das Königszepter darstellen, eine Papprolle mit Bindfaden ein Telefon und ein Säckchen voller Murmeln den kostbaren Schatz.

Im Maskenspiel ist dagegen die Möglichkeit gegeben, ganz eindeutige Masken herzustellen, die in ihrer Größe und Form, in ihrer Farbe und Ausdruckskraft, besonders typische Einzelheiten verkörpern. Ein großer Vorteil hierbei ist die Möglichkeit des „Versteckens" hinter der Maske, die manchem Kind zu gelöstem Spielen und Sprechen verhilft. Man sollte aber keine fertigen Masken anbieten, sondern diese im Spiel verwendbaren Masken selbst mit den Kindern herstellen. Das ist recht einfach, da nur sehr deutliche Merkmale aufgezeigt werden müssen, die in irgendeiner Form auch von behinderten Kindern ausgearbeitet werden können. Es empfiehlt sich, große Pappkartons für die Herstellung der einzelnen Masken zu benutzen. Buntpapier zum Bekleben, außerdem dicke Wachsblöcke, Wasserfarben und Stoffreste haben sich bei der Gestaltung dieser Masken als recht nützlich erwiesen.

Man kann Masken anfertigen, die lediglich vor das Gesicht gehalten werden. Noch reizvoller aber sind große Masken, die den gesamten Körper verdecken. Mit solchen Masken ist es möglich, beispielsweise Sonne, Wind und Sterne darzustellen, und ein Masken-Gruppenspiel wirkt besonders dynamisch. Einige Vorschläge sind aus den Illustrationen ersichtlich.

Schattenspiel

Auch das Schattenspiel eignet sich für behinderte Kinder. Es genügt, ein weißes Tuch zu spannen und von einer Seite durch eine Lichtquelle zu beleuchten. Viele Kinder, die vorher recht gehemmt erschienen, zeigen plötzlich als Schattenfiguren ungeahnte Fähigkeiten. Schon allein das Erlebnis, einzelne Figuren hinter dem Tuch darzustellen und mittels geringen technischen Aufwands als Schattenspiel vorzuführen, bereitet Spielern und Zuschauern in gleicher Weise großen Spaß.

Eine reizvolle Schattendarstellung ist das Rumpelstilzchen, das vor dem Feuer tanzt und singt: „Heute back ich, morgen brau ich, übermorgen hol' ich mir der Königin ihr Kind!"
Auch Kasper-Schattenspiele eignen sich gut. Ebenfalls wird die Darstellung von Riesen und Zwergen, von Gnomen und Hexen im Schattenspiel gern ausgeführt. Besondere Attraktion ist es, wenn der Spielleiter mit seinen Händen noch einige Tiere im Schatten erstehen läßt.
Überhaupt lassen sich Tiere im Schattenspiel mit wenigen gestischen Mitteln relativ einfach darstellen, z. B. Hase: Hände aufgestellt am Kopf, Elefant: Arm dient als Rüssel, Ente: Die beiden Hände vor der Nase klappen auf und zu und deuten den Schnabel an.

Puppenspiel

Das Angebot brauchbarer Spielpuppen ist sehr groß. Es reicht von Plastik-Handpuppen über künstlerisch wertvolle Holzpuppen bis zu Spielpuppen aus Plüsch und Stoff. Auch die Herstellung einzelner Puppen aus Wellpappe, aus Ton oder Plastika bereitet geringe Schwierigkeiten. Kochlöffel, Kartoffeln und Möhren sind ebenso brauchbar.
Wichtig ist nur, daß das Kind eine Puppe auf seiner Hand trägt und sich mit ihr identifiziert.
Das beginnt bereits dann, wenn das Kind ein Spieltier als Spielpuppe benutzt. Der Kasper, der Seppel, der Räuber, der Jäger, der Hund und der König sind beliebte Figuren, die in allen möglichen Variationen gern eingesetzt werden.
Dem behinderten Kind genügt es oft schon, ohne Bühne und ohne Requisiten seine Puppe auf der Hand zu tragen, sich mit ihr zu unterhalten und Dialoge mit der Puppe auf der Hand des Spielleiters oder eines anderen Mitspielers zu führen.
Die Weiterführung zum richtigen Puppenspiel geschieht in ähnlicher Weise wie es beim darstellenden Spiel beschrieben wurde.
Die einzelnen Spielvorschläge richten sich nach dem individuellen Leistungsvermögen der Spielgruppe und reichen vom allereinfachsten Monolog bis zum Dialog, zum szenisch aufgeteilten Spiel und zum großen Puppenspiel, in dem der Spielleiter eine der handlungstragenden Rollen übernehmen sollte, um das Spiel im Fluß zu halten.
Spielpuppen sollten in jedem Spielzimmer leicht erreichbar sein. Oft werden sie völlig zwanglos aus eigener Initiative der Kinder herangeholt, und es entsteht plötzlich ein Spiel, das die Gruppe für eine Zeit in seinen Bann schlägt. Gleichzeitig fallen für den Erzieher wertvolle Ansatzpunkte ab.
Auf die überaus wichtigen therapeutischen Möglichkeiten des Puppenspiels kann an dieser Stelle nicht eingegangen werden. Es sei ausdrücklich auf die umfangreiche Fachliteratur hingewiesen, u. a. Zulliger: Heilende Kräfte im kindlichen Spiel; Hetzer, Denneborg, Schüppel.
Welche methodischen Möglichkeiten ausgeschöpft werden können, um ein Puppenspiel mit behinderten Kindern zu ermöglichen, soll das folgende Beispiel aufzeigen:

Der Mäuserich will heiraten E***O
(entnommen „Geschichten zu fünf Bereichen", Hirschgraben-Verlag, Ffm)
Folgende Geschichte wird vorgelesen oder erzählt:
Ein Mäuserich will heiraten. Er ist aber so stolz und eingebildet, daß ihm keine Maus recht ist. Er will hoch hinaus. Deshalb sagt er zur Sonne: „Du bist stark und mächtig. Ich will deine Tochter heiraten!"
Die Sonne schüttelt den Kopf und meint: „Die Wolke ist stärker als ich. Sie schiebt sich vor mich, und meine Strahlen sind nicht mehr zu sehen!" Da geht der Mäuserich zur Wolke und sagt: „Du bist stark und mächtig. Du bist stärker als die Sonne. Ich will deine Tochter heiraten!"
Die Wolke antwortet: „Der Wind ist viel stärker als ich. Er weht die Wolken auseinander!"
Also geht der Mäuserich zum Wind und sagt: „Du bist stark und mächtig. Du bist stärker als die Sonne und die Wolke. Ich will deine Tochter heiraten!"
Der Wind antwortet: „Ich bin stark. Aber der hohe Turm aus Stein ist viel stärker als ich. Ich wehe und puste. Er stößt mich zurück. Ich kann ihn nicht umblasen!"
Da läuft der Mäuserich zum Turm und ruft: „Du bist stark und mächtig. Du bist stärker als Sonne, Wolke und Wind. Ich will deine Tochter heiraten!"
Der hohe Turm schaut auf den winzigen Mäuserich herunter. Er muß heimlich lachen. Aber dann sagt er: „Du hast recht. Ich bin stark. Aber jemand ist noch stärker als ich!"
Neugierig fragt der Mäuserich: „Wer wird das sein? Ich will ihn heiraten!" Der Turm antwortet: „Unter mir wohnt eine Maus. Sie gräbt und frißt an meinem Mörtel. Kein Stein kann ihr widerstehen. Eines Tages werde ich noch umfallen."
Da läuft der Mäuserich zur Maus und sagt: „Du bist stärker als Sonne, Wolke, Wind und Turm. Ich will dich heiraten!"
Und er heiratet die Maus unter dem Turm noch am selben Tag. Nur eines wundert ihn: Alle anderen Mäuse lachen ihn aus.
Das Tiermärchen ist sehr einfach erzählt. Trotzdem benötigen viele behinderte Kinder noch zusätzliche Stützen, die ihnen in der folgenden Kurzform gegeben werden können:

>Der Mäuserich will heiraten.
>Keine Maus ist ihm recht.
>Er ist stolz. Er will hoch hinaus.
>Er fragt die Sonne.
>Die Sonne sagt: Die Wolke ist stärker. Sie schiebt sich vor mich.
>Er fragt die Wolke.
>Die Wolke sagt: Der Wind ist stärker.
>Er weht die Wolken auseinander.
>Er fragt den Wind.
>Der sagt: Der hohe Turm ist stärker.
>Ich kann ihn nicht umblasen.
>Der Mäuserich fragt den Turm.

Der sagt: Ich bin stark, aber die kleine Maus ist stärker.
Sie frißt an meinem Mörtel bis ich umfalle.
Da heiratet der Mäuserich die Maus.

Der in der oben angeführten Sammlung gegebene Kurztext gibt schon die ersten nötigen Regieanweisungen. Er zeigt genau an, welche Figuren auftreten und welche Reihenfolge eingehalten werden soll.

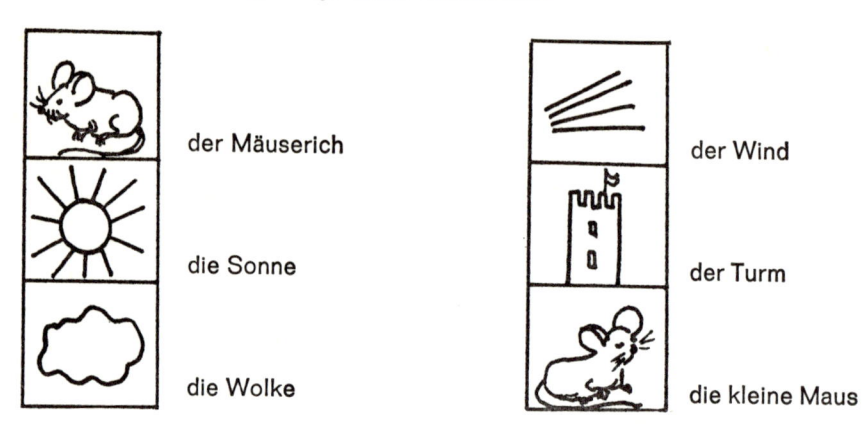

🐭	der Mäuserich	☴	der Wind
☀	die Sonne	🏰	der Turm
☁	die Wolke	🐁	die kleine Maus

Viele geistig behinderte Kinder benötigen darüber hinaus noch die Stütze durch ein Bild, das in sehr einfacher Form farbig an der Tafel vom Spielleiter aufgemalt werden kann. So ist ein Gerüst gegeben, nach dem man sich auch während des Spiels orientieren kann.

Man braucht jetzt nur noch einen Tisch umzukippen, der als Spielbühne dienen soll. Die einzelnen Spieler stellen die Figuren mit ihren Händen dar. Es empfiehlt sich, zunächst den Spielleiter als „Mäuserich" einzusetzen, da er einen nach dem andern aufsuchen und befragen kann.

Als Mäuserich braucht man nur die Hand über den Bühnenrand zu halten und dann, wenn der Mäuserich spricht, die vier Finger gegen den Daumen zu bewegen. Das kleine Mäuschen läßt sich zusätzlich durch ein rotes Schleifchen kennzeichnen.

Der hoch aufgereckte Arm eines Spielers stellt den Turm dar. Zwei Hände vor dem Mund und ein kräftiges Pusten bezeichnen den Wind. Der Spieler der Sonne streckt alle Finger strahlenförmig hinter seinem Kopf aus. Zwei Hände, die einen imaginären Schwamm ausdrücken, stellen die Wolke dar. Alle hier vorgeschlagenen Möglichkeiten sind nur als Vorschläge anzusehen. Der Spielleiter wird mit seiner Spielgruppe vielleicht geeignetere und dem einzelnen angepaßtere Varianten entdecken.

Man kann auch wirkliche „Spielpuppen" einsetzen: nämlich die Schuhe der Kinder. Wir ziehen alle einen Schuh aus. Dann wird mit bunter Kreide die jeweilige Figur auf die Schuhsohle gezeichnet. Beim Spiel schlüpfen wir dann mit der Hand in den Schuh.

Oft ist ein solch improvisiertes Spiel mit aus dem Augenblick geschaffenen „Puppen" weitaus wirkungsvoller als steifes Umgehen mit Künstlerpuppen, denn die improvisierten Puppen können jederzeit ausgetauscht und ersetzt werden. Sie regen Phantasie und schöpferische Ausdruckskraft an.

die kleine Maus   die Sonne   der Wind
     der Turm   die Wolke   der Mäuserich

Alles darstellende Spiel, sei es nun Puppenspiel, Hörspiel, Masken- oder Schattenspiel, lebt vom Engagement des Spielleiters, von seiner Improvisationsgabe, vom freudigen Miteinander. Wenn Spieler und Spielleiter in Stimmung sind, kann aus winzigsten Ansätzen ein überaus lustvolles und echtes Spiel entstehen. So sollen die beiden zum Schluß vorgestellten Beispiele der Erarbeitung eines darstellenden Spiels nicht mehr als eine Anregung und ein Anreiz zur eigenen Gestaltung eines kleinen Spiels sein.

Die goldene Gans   ∗ ∗ O O

Spieldauer: 20 Minuten   Spieler: 6 bis 12
Personen: Zwerg, Hans, Koch, Junge, Mädchen, Pfarrer, Schneider, Metzger, Bäcker, König, Prinzessin
Die Personen können beliebig verändert werden.
Requisit: Eine „goldene" Gans
Spielinhalt: Der arme Hans schenkt einem Zwerg ein Stück Brot. Darauf bedankt sich der Zwerg, indem er Hans eine goldene Gans gibt. Glücklich läuft Hans davon. Er begegnet dem Koch, dem Jungen, dem Mädchen, dem Pfarrer, dem Schneider, dem Metzger und dem Bäcker. Alle wollen die Gans einmal streicheln. Doch jeder klebt fest, so daß zuletzt eine lange Reihe aller möglichen Leute hinter dem armen Hans und seiner goldenen Gans herläuft.
Im Schloß wohnt die traurige Prinzessin. Ihr Vater ist unglücklich, weil nichts die Prinzessin zum Lachen bringen kann. Aber dann erscheint Hans. Die Prinzessin lacht laut über die vielen Leute, die schreiend und schimpfend hinter der Gans herlaufen. Sie nimmt den Hans zum Mann. In diesem Augenblick endet der Zauber. Es klebt niemand mehr fest, und glücklich läuft ein jeder nach Hause.
1. Szene: Hans und Zwerg
    Hans schenkt das Brot — Der Zwerg schenkt die goldene Gans
2. Szene: Einer nach dem anderen läuft hinter Hans und seiner Gans her.
    Kein Wunder, daß zum Schluß alle festkleben.
3. Szene: Die traurige Prinzessin erblickt den Hans und alles wendet sich zum Guten.
Die Zwischentexte werden von dem Spielleiter gesprochen, der dabei den einzelnen Spielern die entsprechenden Zeichen zum Einsatz geben kann. Wir haben mit viel Erfolg bei diesem Spiel Erzieher als Mitspieler eingesetzt. Das

brachte den Vorteil, daß die Kette der Leute immer wieder von einem Erzieher gehalten werden konnte, so daß keine Unordnung während des Spiels entstand.

Darüberhinaus bereitete es den Kindern ein unbändiges Vergnügen, ihre Erzieher im Spiel mit ihnen als Koch und als Bäcker zu erleben.

Die Prinzessin kann in diesem Spiel besonders glücklich von einem stark körperbehinderten Kinde dargestellt werden. Das Erlebnis, trotz der starken körperlichen Behinderung im Mittelpunkt des Spiels zu stehen, wird in diesem Spiel ganz besonders stark angeboten.

Die Bremer Stadtmusikanten ✶✶ O O

Spieldauer: 20 Minuten   Spieler: 6 bis 12

Das bekannte Märchen der Brüder Grimm wird in folgenden Szenen gespielt:

1. Szene: Der Esel kann die schweren Säcke des Mülles nicht mehr schleppen. Der Müller schimpft und jagt ihn davon.
2. Szene: Der Jäger ärgert sich über den Hund, weil er zu alt zum Jagen ist.
3. Szene: Die Bäuerin will den Hahn schlachten. Sie schimpft auf die Katze, weil sie zum Mäusefangen nicht mehr taugt. Da laufen beide davon.
4. Szene: Esel, Hund, Katze und Hahn treffen sich und beschließen zusammen nach Bremen zu gehen, um Stadtmusikanten zu werden.

Sie proben ein Lied mit folgendem Text:

„Wir sind die Musikanten:
Miau, Miau, Miau!
Wir sind die Musikanten:
Wauwau, wauwau, wauwau!
Wir gehen jetzt nach Bremen.
Iah, iah, iii!
Wen sollen wir mitnehmen?
Kikeriki, kikeriki, kikeriki.
Miau, miau — wauwau, wauwau,
Iah, iah, iii! — kikeriki, kikeriki, kikeriki!"

Alle marschieren in einer Reihe über die Bühne.

5. Szene: Die Räuber lassen es sich im Räuberhaus gut sein. Sie essen und trinken und singen wilde Lieder:

Wir sind die wilden Räuber
im schönen Räuberhaus.
Wir stehlen, ja, wir stehlen,
und rauben alles aus."

6. Szene: Die Tiere kommen hinzu. Sie beobachten die Räuber und beschließen dann, dort ihr Konzert zu geben. Sie schreien so fürchterlich, daß die Räuber auf und davon laufen. So gehört ihnen das Räuberhaus und sie lassen sich gleich zum guten Essen nieder. Danach singen sie ihr Lied von den Bremer Stadtmusikanten.

Auch bei diesem Spiel fungiert der Spielleiter als Erzähler und hat so die Möglichkeit, die einzelnen Spieler im richtigen Moment heranzuwinken und mit sprachlichen Hinweisen das Spiel weiterzubringen.

Quizspiele

Das Erraten einzelner Namen, Gegebenheiten und Begriffe wird in allen möglichen Variationen Kindern und Erwachsenen angeboten. Quizsendungen erfreuen sich auch im Fernsehen einer besonderen Beliebtheit.

Auch behinderten Kindern steht diese Form des Spiels offen, wenn der Spielleiter darum bemüht ist, die einzelnen Quizfragen dem Leistungsvermögen der einzelnen Kinder anzupassen.

Bei all diesen Quizspielen kann der herkömmliche und bekannte Rahmen durchaus gewahrt bleiben, zumal hier besondere Attraktionen wie die aus Fernsehsendungen bestens bekannten Quizmaster, Butler, Schiedsrichter, Assistenten einen besonderen Reiz ausmachen.

Im folgenden sollen nur Quizspiele vorgestellt werden, die man ohne Schwierigkeiten mit Behinderten spielen kann, die aber weiterhin anregen sollen, nach eigenen und neuen Spielideen für ein ähnliches Quizspiel Ausschau zu halten.

Besonders bei Landheimaufenthalten, bei Familienfeiern, bei festlichen Anlässen kann man diese Quizspiele einsetzen. Man kann sie sogar vorbereiten, indem man eine Gruppe unter Anleitung dazu bringt, daß sie später dem Rateteam einzelne Aufgaben vorstellt.

Das gemeinsame Proben, das gemeinsame Wissen um die Lösung, die aber nicht verraten werden darf, bringt zusätzliche Spielfreude.

Einer gegen den anderen   E * * O

Spieldauer: 10 bis 20 Minuten   Spieler: 4 bis 12

Der Spielleiter ist Quizmaster. Er stellt zwei Stühle auf, ferner einen Schiedsrichtertisch. Alle wählen einen Assistenten (Butler, Helfer) und einen Schiedsrichter.

Nun dürfen sich die beiden ersten Spieler am Quiz beteiligen. Sie setzen sich auf die beiden Stühle und der Quizmaster stellt die erste Aufgabe: „Nennt alle Jungennamen, die euch einfallen!"

Ingo sagt: „Hans".

Jetzt ist Bernd an der Reihe. Er muß einen anderen Namen finden. So geht es abwechselnd weiter, bis einer lange überlegen muß.

Jetzt treten die Mitspieler in Aktion. Sie zählen langsam bis 10. Wenn in dieser Zeit noch ein Name gefunden wird, geht der Wettkampf weiter. Wenn aber einem Spieler dann, wenn er an der Reihe ist, kein neuer Name mehr einfällt, hat der andere gewonnen.

Zum Schluß gibt es für alle kleine Preise.

Bei diesem Spiel können Butler und Schiedsrichter oft getauscht werden. Manchmal gelingt es sogar, den Quizmaster auszuwechseln.

Weitere Quizfragen sind:
Nenne alle Mädchennamen, die dir einfallen!	E * O
Welche Erzieher gibt es bei uns?	E * O
Nenne die Namen der Leute, die mit hier sind!	E * O
Welche Tiere kennst du?	E * O
Welche Vögel kennst du?	E * * O
Welche Fische kennst du?	E * * O

Welche Pflanzen kennst du?	E ✻ ✻ O
Welche Blumen kennst du?	E ✻ ✻ O
Welche Bäume kennst du?	E ✻ ✻ O
Welche Fahrzeuge kennst du?	E ✻ ✻ O
Was gibt es im Dorf?	E ✻ ✻ O
Was gibt es in der Stadt?	E ✻ ✻ O
Welche Tiere siehst du im Zoo?	E ✻ ✻ O
Welche Berufe kennst du?	E ✻ ✻ O
Welche Geschäfte gibt es?	E ✻ ✻ O
Was kann man essen?	E ✻ ✻ O
Was kann man trinken?	E ✻ ✻ O
Nenne Obstsorten!	E ✻ ✻ ✻ O
Nenne Automarken!	E ✻ ✻ ✻ O
Nenne Dinge, die eine rote (blaue, grüne, gelbe, schwarze) Farbe haben!	E ✻ ✻ O
Nenne Wurstsorten!	E ✻ ✻ O

Quiz aus dem Spiel- oder Sachbilderbuch   E ✻ O

Spieldauer: 5 bis 10 Minuten   Spieler (Rategruppe): 2   Spieler: 4 bis 12
Ein Spielbilderbuch oder ein Sachbuch wird den Spielern vorgehalten. Nun sollen alle Dinge richtig benannt werden, die auf einer Seite abgebildet sind. Auch hier wird abwechselnd geraten.

Tiere raten   E ✻ O

Spieldauer: 5 bis 10 Minuten   Spieler: 4 bis 12
Einzelne Tiere werden pantomimisch vorgestellt. Einer oder alle dürfen raten, um welche Tiere es sich hierbei handelt.

Tätigkeiten raten   E ✻ O

Spieldauer: 5 bis 10 Minuten   Spieler: 4 bis 12
Einzelne Tätigkeiten werden dargestellt. Es darf geraten werden, welche Tätigkeiten gemeint sind, wer diese Tätigkeiten ausführt, z. B. mauert der Maurer, näht der Schneider usw.
Einige Beispiele sollen hier aufgeführt werden: Zähneputzen, Waschen, Baden, Anziehen, Tischdecken, Essen, Trinken, Aufstehen, Schlafen. Einer kann in den Bus steigen, ein anderer eine Wendeltreppe hochsteigen. Man kann darstellen, daß man ins Bett steigt, daß man seine Strümpfe anzieht oder daß man beim spannenden Fußballspiel im Tor steht.

Was wird auf den Tisch gestellt?   E ✻ ✻ O

Spieldauer: 5 bis 10 Minuten   Spieler: 4 bis 12
Einzelne Dinge werden auf einen Tisch gestellt. Aus der pantomimischen Darstellung soll erraten werden, um was es sich handelt. Es wird bei diesem Quizspiel kein realer Gegenstand verwendet.
Brot — Eine Scheibe Brot wird vom Laib pantomimisch abgeschnitten.
Butter — Die Butter wird auf die Brotscheibe gestrichen.
Wurst — Wurst wird in Scheiben geschnitten und auf das Brot gelegt.

Ei — Das Ei wird geklopft, geschält und gelöffelt.
Salz — Salz wird auf das Ei gestreut.
Marmelade — Mit dem Löffel wird die Marmelade auf das Brot gegeben und mit dem Messer verstrichen.
Honig — Das Fadenziehen des Honigs wird durch Drehung des Löffels angedeutet.
Milch — wird ausgeschüttet und getrunken.
Heiße Milch — zum Trinken kommt das Pusten hinzu.

Mein Freund ist ein Maurer   E * * O
Spieldauer: 5 bis 10 Minuten   Spieler: 4 bis 12
Bestimmte berufstypische Handgriffe werden ausgeführt:
Maurer — Steine aufeinandermauern
Schneider — mit Schere und Nadel umgehen
Gärtner — umgraben — pflanzen
Autofahrer — mit dem Lenkrad steuern
Tankwart — Benzin zapfen, Scheiben säubern
Fußballspieler — pantomimisch den Ball treten
Schwimmer — Schwimmbewegungen
Sänger — mit dem imaginären Mikrophon in der Hand

Die Arbeiten der Hausfrau   E * * O
Spieldauer: 5 bis 10 Minuten   Spieler: 4 bis 12
Die Arbeit einer Hausfrau wird pantomimisch dargestellt. Sie näht Knöpfe an, schält Kartoffeln, kocht das Mittagessen, putzt das Zimmer, bügelt, zieht Vorhänge auf und zu, legt das Baby trocken, füttert es, putzt Fenster.
Gerade bei solchen Spielen läßt es sich oft ermöglichen, daß eine Gruppe der anderen vorspielt. Man kann auch beiden Gruppen ähnliche Aufgaben geben, die dann abwechselnd geraten werden sollen.

Hier stimmt was nicht   E * * * O
Spieldauer: 5 bis 10 Minuten   Spieler: 4 bis 12
Eine Szene wird vorgespielt, in der bewußt etwas vergessen oder falsch gemacht wird. Nun soll geraten werden, was vergessen oder in falscher Weise vorgeführt wurde. Die einzelnen Szenen können ganz pantomimisch oder mit den notwendigen Gegenständen gespielt werden.
Zähneputzen — ohne Zahnpasta
Anziehen — Strümpfe vergessen
Eisenbahn fahren — ohne Karte zu lösen
Kerze anzünden — ohne Feuer
Suppe kochen — ohne Wasser.
Hier lassen sich auch Lichtbilder einsetzen, in denen Fehler eingebaut sind. Die gemeinsame Vorbereitung zur Herstellung solcher Dias macht behinderten Kindern viel Freude:
Ein Kind geht mit den Kleidern ins Bett.
Im Sommer läuft einer mit Winterkleidung über den Badestrand.
Ein Junge hackt Holz mit einem Hammer.

Die Suppe wird mit Messer und Gabel gegessen.
Ein Schüler unterrichtet die Lehrer.
Ein Junge trägt Mädchenkleidung.
Ein Mädchen trägt Jungenkleidung.
Auch das Vergleichen einzelner Bilder, an denen winzige Veränderungen vorgenommen wurden, kann in ähnlicher Weise als Quizaufgabe eingesetzt werden. Fehlende Teile sollen gesucht und benannt werden:
An der Tasse fehlt der Henkel.
Die Katze hat keine Schnurrbarthaare.
Der Mann hat keine Beine.
Das Haus hat keinen Schatten.
Die Kuh hat kein Euter.
Der Hund hat nur drei Beine.
Der Tisch hat fünf Beine.
Der Fuchs hat keinen Schwanz.
Die Säge hat keine Zähne.
Der Kasper hat keine Zipfelmütze.
Der Nikolaus hat keinen Sack.
Die Puppe hat keine Nase.

Wer kommt heut zu Besuch? E ✻ ✻ O

Spieldauer: 5 bis 10 Minuten   Spieler: 4 bis 12

Eine Szene wird angespielt, in der ein bestimmter Besucher zu der dargestellten Familie kommt. Aus den Tätigkeiten und aus der unterschiedlichen Darstellung soll erraten werden, um wen es sich hier handelt:
Die Großmutter
Der Nikolaus
Der Briefträger
Der Geldbriefträger
Der Elektriker
Der Arzt
Der Schornsteinfeger.

Was gibt es heute im Zirkus? E ✻ ✻ O

Spieldauer: 5 bis 10 Minuten   Spieler: 4 bis 12

Verschiedene Zirkusnummern werden vorgeführt. Dabei soll erraten werden, um welche Nummern es sich handelt.
Beispielsweise: Seiltänzer, Pferdenummer, Löwen, Bären, Affen, Elefanten, Clowns, Tellerträger, Zauberer, Akrobaten.

Was für ein Instrument ist das? E ✻ ✻ O

Spieldauer: 5 bis 10 Minuten   Spieler: 4 bis 10

Verschiedene Instrumente eines Orchesters werden pantomimisch vorgestellt und sollen erraten werden, z. B. Geige, Gitarre, Flöte, Mundharmonika, Klavier, Schlagzeug, Baß, Triangel, Pauke, Trompete, Schifferklavier, Xylophon ... aber auch der Dirigent läßt sich trefflich nachahmen.

Welches Geräusch erkennst du? E✲✲O
Spieldauer: 5 bis 15 Minuten   Spieler: 2 bis 10
Es werden (eventuell vorbereitet auf dem Tonband) verschiedene Geräusche vorgeführt. Nun soll erraten werden, um welche Geräusche es sich hierbei handelt. Diese Geräusche lassen sich in ihrem Schwierigkeitsgrad sehr gut abstimmen, so ist z. B. das Geräusch der laufenden elektrischen Kaffeemühle nur sehr schlecht von dem des Staubsaugers zu unterscheiden. Stärker geistig behinderten Kindern sollte man hier ganz typische Geräusche vorsetzen. Es empfiehlt sich, alle Geräusche zweimal vorzuführen und dann erst erraten zu lassen.
Aus dem Geräusch lassen sich folgende Tätigkeiten erkennen: Zähneputzen, Trinken, Essen, Kaffeemahlen, Schnarchen, Schmatzen, Sägen. Man kann den Wasserkran auf- und zudrehen, eine Kaffeemühle oder einen Staubsauger laufen lassen, eine Spieluhr spielen lassen.
Auch einzelne Instrumente können in dieser Form vorgestellt werden: Geige, Trommel, Orgel, Mundharmonika, Klavier.

Märchenquiz E✲✲O
Spieldauer: 5 bis 10 Minuten   Spieler: 4 bis 10
Szenen aus einzelnen Märchen werden vorgestellt. Es soll erraten werden, wie das Märchen heißt, wie die einzelnen dargestellten Personen heißen. Die Aufgabe ergibt sich aus dem Leistungsvermögen der Spielgruppe. Die Darstellung kann als Stegreifspiel, Spiel mit kleinem Text, als Puppenspiel, als Schattenspiel oder als Hörspiel vorgenommen werden.

Märchen	*Spielszene*	*Personen*
Schneewittchen	Spieglein an der Wand	Königin/Spiegel
	Schneewittchen kommt ins Zwergenhaus	Schneewittchen
	Wer hat auf meinem Stühlchen gesessen	Zwerge finden Schneewittchen
	Die Königin kämmt Schneewittchen mit dem vergifteten Kamm	Königin/ Schneewittchen
	Die Zwerge finden den Kamm	Zwerge/ Schneewittchen
	Der vergiftete Apfel	Zwerge/ Schneewittchen
Dornröschen	Dornröschen sticht sich in die Spindel	Dornröschen
	Alles schläft ein	Koch/Küchenjunge
	Alles erwacht	Koch/Küchenjunge
	Der Prinz kämpft sich durch die Dornen und findet Dornröschen	Prinz/Dornröschen
Froschkönig	Ballspielende Prinzessin	Prinzessin/Ball
Hänsel u. Gretel	Vor dem Hexenhaus	Hexe/Hänsel/Gretel
	In den Backofen hinein	Hexe/Gretel

Frau Holle	Die fleißige Goldmarie	Goldmarie/Frau Holle
	Die faule Pechmarie	Pechmarie/Frau Holle
Aschenputtel	Wem paßt der Schuh	Prinz/Schwestern/Aschenputtel
	Die Guten ins Töpfchen	Aschenputtel/Tauben
Rumpelstilzchen	Rumpelstilzchen tanzt um das Feuer	Rumpelstilzchen/Diener
Das tapfere Schneiderlein	Sieben auf einen Streich	Schneider/Fliegen/Honig
	Der Schneider und der Riese	Schneider/Riese
Tischlein deck dich	Der Wirt bekommt Prügel	Wirt/Prügel
	Der Tisch wird vertauscht	Wirt/Sohn/Tisch
Wettlauf zwischen Hasen und Igel	Der Wettlauf wird ausgetragen „Bin schon da!"	Hase/Igel und Igelfrau

Personenquiz   E✻✻✻O

Spieldauer: 2 bis 10 Minuten   Spieler: 3 bis 10

Dieses Quizspiel stellt höhere Anforderungen. Es sollen nämlich Persönlichkeiten aus bekannten Kinderbüchern vorgestellt (eventuell mit typischen Gesten oder Attributen) und erraten werden. Die Wahl des Schwierigkeitsgrades entscheidet das geistige Fassungsvermögen der Ratenden.

Hänsel und Gretel: Hänsel wirft Steinchen hinter sich auf den Weg.
                 Hänsel und Gretel knabbern Lebkuchenherzen.
Hexe: Besen, Kopftuch
Rotkäppchen: Rotes Kopftuch, Körbchen mit Kuchen und Wein
Das tapfere Schneiderlein: Schere, Honigtopf
Schneewittchen: Kamm, Apfel
Der gestiefelte Kater: Stiefel, Barthaare, Miauen
Frau Holle: Ein Kopfkissen wird aufgeschüttelt
Till Eulenspiegel: Narrenkappe, Spiegel
Rübezahl: Rüben, Stock, Bart
Münchhausen: Kanonenkugel, vornehme Kleidung
                 Erzählen einer Lügengeschichte
Pippi Langstrumpf: Zu große Schuhe, rote Perücke, verschiedenfarbige Strümpfe
Räuber Hotzenplotz: Räuberhut, Pfefferpistole
Kasper: Kaspermütze, Glocke
Max und Moritz: Hähnchen werden „geangelt" und verzehrt
Schneider Böck: Frau Böck bügelt dem Schneider den Bauch
Struwwelpeter: Ungekämmtes Haar, Postierung wie im Bilderbuch
Friederich: Peitsche, mutwilliger und ungezügelter Junge
Paulinchen: Feuerzeug
Hans-guck-in-die-Luft: Schultasche, Kopf nach oben
Zappelphilipp: zappelt auf dem Stuhl
Suppenkaspar: Teller, Löffel, doch der Kaspar schüttelt stets den Kopf
Der fliegende Robert: Regenschirm ist aufgespannt